Rafa Ordóñez   Marta Munté

25 cuentos mágicos para leer en 5 minutos

BEASCOA

Para Alicia Mohíno y Carlos Alba, compañeros de ilusión.
Para Mercedes Carrión, maestra de fantasía.
Para todos los cuentacuentos.
R.O.

Para Joel, Edith y Gabriel, para que siempre crean en la magia.
Para Agustí y Pep, por creer siempre en mí.
M.M.

Primera edición: abril, 2013

© 2013, Rafael Ordóñez, por el texto
© 2013, Marta Munté, por las ilustraciones
© 2013, Beascoa, Random House Mondadori, S.A.
Travessera de Gràcia, 47–49. 08021 Barcelona

ISBN: 978-84-488-3560-6
Depósito legal: B-3239-2013
Impreso en Egedsa Sabadell (Barcelona)

BE 35606

Sumario

Dulces sueños

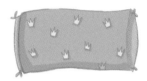

El príncipe besó a Bella y la princesa despertó.

¡Qué alegría! ¡Qué alboroto! Se había roto el encantamiento, después de cien años de sueño, por fin podrían ser felices para siempre.

Pero siempre era mucho tiempo. Sobre todo para el príncipe.

Tras la boda, la cena, el baile y toda una noche de fiesta, el príncipe empezaba a estar un poco cansado y sugirió a la Bella Durmiente, ahora muy despierta, que se fueran a dormir.

—Pero si yo no tengo sueño. ¿Cómo voy a tener sueño después de tanto tiempo durmiendo?

El príncipe sonrió y siguió bailando con su princesa; sin embargo, unas horas más tarde hasta los músicos estaban agotados, no podían ni sujetar los instrumentos, y todos los invitados se habían ido a sus casas.

El mayordomo, sentado en la escalera del palacio, intentaba sujetarse la cabeza entre las manos, pero no podía: se caía de sueño.

—¿Y si nos fuéramos a dormir? —preguntó el príncipe.

—¡Yo no tengo ni pizca de sueño! Podríamos ir a montar a caballo —propuso Bella.

Y salieron a montar a caballo.

—¿Y si nos fuéramos a dormir? —preguntó de nuevo el príncipe.

—Es que yo no tengo sueño. ¡Podríamos darnos un baño en la piscina!

Y se bañaron en la piscina.

—¿Y si nos fuéramos a dormir?

—Pero si yo no tengo sueño para nada. Podríamos jugar al parchís.

Y jugaron cuarenta y tres partidas al parchís.

—Aunque prefiero las cartas —dijo animada Bella.

Esta vez fueron setenta y nueve partidas de cartas.

—¿Y si nos fuéramos a dormir? —preguntaba de vez en cuando el príncipe.

—¡Que yo no tengo sueño! Ya he dormido mucho. Podríamos dar un paseo por el bosque.

Y recorrieron el bosque de derecha a izquierda, de arriba abajo, desde el norte hasta el sur... Hicieron y deshicieron todos los caminos del bosque.

El príncipe estaba desesperado. Llevaba un montón de horas despierto y, aunque se lo pasaba muy bien con su joven y dinámica esposa, quería dormir.

Cuando regresaron al palacio, después de haber visitado una granja cercana para ver cómo los cerdos se revolcaban en el barro, cómo las gallinas ponían huevos, cómo el burro comía zanahorias y cómo los campesinos hacían queso, el príncipe no se tenía en pie.

El mayordomo, que había tenido mejor suerte y había dormido toda la noche, aprovechó un descuido de Bella y susurró al oído del príncipe:

—Un remedio para que los niños se duerman es contarles un cuento. Igual también funciona con las princesas.

El príncipe sonrió. Sí, podía ser una buena idea.

–¿Y ahora qué hacemos? –preguntó la princesa–. Yo no tengo sueño.

–Si quieres te cuento un cuento.

–Estupendo. En la biblioteca hay muchos libros de cuentos.

Efectivamente, en la biblioteca había muchos, muchísimos libros de cuentos. Y el príncipe cogió uno y empezó a leer despacio, con una voz suave y aterciopelada, para que la princesa se durmiera. Pero nada.

El príncipe leyó el libro entero. La princesa estaba encantada, y con los ojos como platos.

El príncipe cogió otro libro y lo leyó de cabo a rabo. La princesa seguía encantada y con los ojos abiertos como un búho.

El príncipe leyó todos los cuentos chinos de la biblioteca. Y luego todos los cuentos griegos. Y después los rusos. Y los árabes, los japoneses, los indios, los franceses, los italianos; leyó casi todos los libros de la biblioteca y la princesa seguía encantada. Y despierta.

Desesperado, el príncipe cogió el último libro de cuentos, lo abrió y leyó:

—«Hace mucho tiempo vivían un rey y una reina que querían tener un hijo...»

Aquellas palabras llamaron mucho su atención, por lo que leyó el título del cuento. Se llamaba *La Bella Durmiente*.

–Un momento, cariño –le dijo a la princesa–. Ahora vuelvo.

El príncipe salió de la biblioteca y se leyó a toda prisa el cuento. Al cabo de unos minutos, regresó muy contento con el libro y otro objeto.

–¿Qué es eso? –preguntó ella.

–Un huso.

–¿Y para qué sirve?

–Pues para hilar y... para soñar. Ven, vámonos a la cama y te explico cómo funciona.

Desde ese día, la princesa se duerme cada noche con un pequeño pinchacito, que duele menos que el de un mosquito. Y, cuando el príncipe ha dormido sus nueve o diez horas, la despierta con un beso tierno y dulce.

Y desde entonces los dos sueñan dulces sueños a la vez.

Gigantillos y enanones

La familia gigante vivía en una casa gigante. Antón, el hijo, iba todos los días a la escuela y se sentaba en el último banco para que sus compañeros pudieran ver a la profesora.

La familia enana vivía en una casa diminuta. Martina, la hija, iba cada día a la escuela y se sentaba en la primera fila, porque si no, no veía nada de nada.

Una mañana, Antón llegó muy enfadado de la escuela.

—No me dejan jugar con ellos –protestó Antón–. Dicen que soy demasiado grande. Bueno, solo quieren jugar conmigo al escondite, porque me encuentran enseguida.

—La verdad es que ser gigante es un fastidio, yo no puedo aparcar la bici cuando voy al pueblo: todos se quejan porque ocupa cuatro plazas –confesó Papá Gigante.

—A mí me lo vais a decir –repuso Mamá Gigante–. No os imagináis lo difícil que es encontrar ropa de nuestro tamaño. Y platos y vasos y sillas...

–¡Tenemos que hacer algo! –propuso Papá Gigante.

En casa de los enanos las cosas tampoco eran fáciles.

–¡Estoy harta de ser una enana! –dijo Martina al llegar de la escuela–. No me dejan jugar al fútbol porque no me ven si estoy detrás de la pelota.

–Te entiendo, hija mía –murmuraba Papá Enano–. A mí en la tienda se me cuelan todos y luego dicen que no me han visto.

–Sí, tenemos que ir gritando todo el rato para que no nos pisen –se lamentó Mamá Enana–. ¡No puede ser! ¡Tenemos que hacer algo! –propuso con entusiasmo.

Y las dos familias pensaron en la misma solución.

–¡La Maga Hechicera! –exclamó Mamá Gigante–. Le llevaremos de regalo un bote de mermelada de pera.

Antes de que la familia Gigante saliera de su casa, la familia Enana, que llevaba de regalo

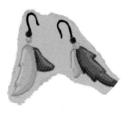

unos pendientes de plumas de jilguero, ya se encaminaba hacia la cueva donde vivía la Maga Hechicera, que era una mujer muy lista que conocía un montón de pociones y recetas mágicas que lo curaban todo.

Los gigantes, con sus zancadas gigantescas, fueron los primeros en llegar. Después de escuchar atentamente sus problemas, la Maga estuvo pensando un rato.

—Aquí tenéis estos polvos mágicos —dijo mientras les ofrecía una bolsita—. Echad una pizca en una calabaza y luego coméosla. Hacedlo durante un mes. Pero recordad: una pizquita y poco a poco.

La familia gigante se fue muy contenta, así que no se dieron cuenta de que, cuando ellos salían, entraban los enanos en la cueva. La familia enana también le contó a la Maga sus problemas.

–En esta bolsita hay unos polvos mágicos. Tenéis que echar un pellizco en un guisante y luego coméoslo. Hacedlo durante un mes. Pero que no se os olvide: un pellizquito y poco a poco.

Los enanos se fueron muy contentos, habían dado con la solución a sus problemas.

Antes de llegar a su casa, los gigantes pasaron cerca de un campo de calabazas.

–¿Y para qué vamos a esperar un mes? –preguntó Papá Gigante.

–Es verdad. Eso es mucho tiempo –dijo Mamá Gigante.

Papá Gigante entró en el sembrado, cogió una calabaza bien gorda, la cortó en tres partes y esparció los polvos mágicos. En dos minutos se lo habían comido todo.

A los enanos les pasó algo parecido. Al bordear una huerta vieron una mata de guisantes y, para no tener que esperar un mes, Papá Enano cogió una vaina con tres guisantes y echó todos los polvos mágicos. Luego se los comieron. Y como su casa estaba algo lejos, decidieron dormir debajo de un castaño.

Al día siguiente, cuando Antón se despertó, creía que seguía soñando. Su cama era como un campo de fútbol. Toda la familia gigante estaba muy alterada. Su casa, que antes era enorme, ahora parecía más grande porque ellos habían encogido.

–¡Viva! ¡Y viva! –gritó Mamá Gigante–. El remedio de la Maga ha funcionado.

–Sí –dijo Papá Gigante–. Ahora somos gigantillos.

Cuando Martina se despertó, el castaño era pequeño como una maceta y, desde su nueva altura, podía ver hasta el pueblo.

–¡Estupendo! –exclamó Mamá Enana–. ¡Ha funcionado! Ya no somos enanos.

–Sí –dijo Papá Enano–. Ahora somos enanones.

Todos estaban muy conten-tos. Pero enseguida se die-ron cuenta de que tenían un montón de problemas nuevos. Para los gigantillos todo era demasiado gran-de y para los enanones todo demasiado pequeño. Fueron a ver a la Maga.

–Cambiad vuestras casas y dejadme en paz. Ya os lo advertí, que poco a poco, y no me hicisteis caso.

Y así lo hicieron. Al principio todos estaban contentos, pero al cabo de unos días Martina llegó enfadada de la escuela.

—No me dejan jugar a nada. Dicen que, aunque sea una enanona, soy demasiado grande.

—Dicen que soy muy pequeño —protestaba Antón—, incluso para ser un gigantillo.

—Pues habrá que buscar una solución —dijeron a la vez Papá Gigantillo y Papá Enanón en sus casas.

—O no —suspiraron Mamá Enanona y Mamá Gigantilla.

La música también es para las vacas

Margarita y Petunia son dos vacas con suerte.

El día que llegaron a su nuevo hogar, Granja Melodía, vieron enseguida que era un lugar excepcional, fenomenal, colosal y magistral.

Al menos eso pensaba Margarita, una vaca gorda de color negro con manchas blancas, que era muy optimista.

Petunia, blanca con manchas negras y algo más flacucha, opinaba que no era para tanto; según ella, para una vaca una granja era una granja, y punto.

Entonces vieron a Plácido, el gallo, subido en el tejado del establo, lanzando gorgoritos como todo un tenor.

Margarita creyó que estaban en la ópera, asistiendo a un gran espectáculo. Petunia opinaba que no era para tanto, que todos los gallos cantaban y que, aunque aquel lo hacía bien, seguía siendo un simple gallo.

–¿Y qué me dices de las gallinas? –preguntó Margarita.

En ese momento ocho gallinas saltaron al tejado y rodearon

a Plácido, con sus voces graves coreaban las notas del gallo, y entre todos formaban un conjunto vocal fantástico.

–¡Cuánto me gustaría poder cantar así!

–Pero nosotras somos vacas –objetó Petunia–. Y la música no es para las vacas.

En el prado de al lado vieron cómo Martín, un burro risueño y que ya lucía algunos pelos blancos, tocaba una dulce melodía con su flauta travesera. Los sonidos tan delicados y armoniosos entusiasmaron a Margarita.

–Esto es maravilloso. ¡Cuánto me gustaría poder tocar así!

–Nosotras somos vacas –repuso Petunia–. Y la música no es para las vacas.

Al final del prado, descubrieron a un grupo de ovejas que, con tutús de colores, bailaban al ritmo de las notas del burro. Eran tan suaves sus movimientos, tan graciosas sus cabriolas,

que más que animales danzantes parecían nubes de colores jugueteando en un cielo azul primaveral.

–¡Qué bien lo hacen! –murmuró Margarita–. ¡Cuánto me gustaría poder bailar así.

–Pero nosotras somos vacas y...

–Sí, ya lo sé, la música no es para las vacas.

Margarita intentó un paso de aquel baile, pero tropezó y estuvo a punto de caerse. Petunia la miró enfurruñada aunque no dijo nada. Continuaron su paseo y llegaron al granero, donde su sorpresa fue inmensa. Un gato tocaba la guitarra, tres conejos lo acompañaban con tres violines, dos cabras y sus saxofones completaban la orquesta. En el centro un perro pastor con su batuta dirigía a aquellos virtuosos músicos.

–¡Oh, es impresionante! –se emocionó Margarita–. ¡Cuánto me gustaría interpretar así!

–Me estás empezando a cansar. Nosotras somos vacas, y la música no es para las vacas –gritó algo enfurruñada Petunia. Inmediatamente se dio la vuelta y se dirigió al establo; ya estaba harta de tanta música, de tanto suspiro y de tanto «cuánto me gustaría». Su amiga era muy pesada y no se enteraba de que la música no era para las vacas.

Margarita se quedó un poco triste.

–¡Hola! Me llamo Hortensia. ¿Te gusta la música?

Margarita, desconcertada, miró a su derecha y vio a una vaca que era mitad negra con manchas blancas y mitad blanca con manchas negras.

–¡Mmm! Sí, mucho, mucho. Esta granja es maravillosa, pero discúlpame, tengo que volver con mi amiga Petunia. Está enfadada porque dice que la música no es para las vacas.

–¡Cómo que no! Escúchame, esta noche...

Hortensia acercó el morro a la oreja de Margarita y estuvo cuchicheando un buen rato. Margarita sonrió y se despidió.

Cuando llegó al establo se encontró con Petunia, que estaba comiendo paja tranquilamente. Margarita fue a hablar, pero su amiga la interrumpió.

–La música no es para las vacas.

–Está bien, como quieras.

Por la noche, cuando la luna brillaba alta en el cielo, Margarita susurró:

—Podríamos salir a tomar un poco el aire.

—Bueno —dijo Petunia, que ya se había olvidado de todo.

Caminaron despacio bajo aquella luz plateada, y se dirigieron hacia el prado. Cuando llegaron Petunia abrió los ojos como platos: todos los animales las estaban esperando.

A la señal de Hortensia, el perro director levantó su batuta y los músicos se arrancaron con una alegre melodía en la que la guitarra, los violines y los saxofones sonaban animadamente.

A su derecha, al ritmo de la melodía de Martín, el burro, las ovejas bailarinas se movían en un conjunto tan ordenado que era casi imposible pensar que eran ovejas y no ángeles.

–No podremos tocar –dijo Hortensia–, no podremos bailar, no podremos interpretar...

Sin embargo, no terminó la frase porque Plácido, el gallo, y su coro de gallinas elevaron sus voces a la noche con tanta claridad que la luna en el cielo pareció sonreír.

–No podremos cantar –siguió Hortensia–, pero hay una cosa que las vacas sí podemos hacer: escuchar.

El espectáculo había sido tan fascinante que Petunia estaba encantada. Miró a su amiga y Margarita sonrió.

–Sí, porque la música también es para las vacas.

Problema grande, solución sencilla

Perdigón era un gnomo que vivía en una pequeña casita en el bosque. Tenía una cama mullida, una mesa, dos sillas, la segunda por si recibía visitas, y una estupenda chimenea para calentarse y preparar sus comidas. Su plato favorito eran las setas. Le gustaban de todas las maneras imaginables: fritas, cocidas, estofadas, al horno, a la plancha, en puré, rebozadas, al ajillo y hasta en bocadillo.

Todos los días se levantaba, se desperezaba y desayunaba una tostada de pan de setas con mermelada de setas y salía a recorrer los alrededores para buscar setas. Cuando tenía su saquito lleno de setas volvía a casa y se preparaba la comida. Luego, por la tarde, paseaba por el bosque, visitaba a otros gnomos o se entretenía tallando figuritas de madera.

Después de cenar leía algún cuento y se iba a la cama.

Entonces aparecía el problema: al quitarse las botas y los calcetines notaba que sus pies no olían muy bien. Bueno, olían mal o peor que mal, ¡atufaban! Y como Perdigón era un gno-

mo y los gnomos tienen los pies muy cerca de la nariz, el olor le llegaba enseguida, allí se quedaba y terminaba mareándole.

Aquella noche en particular el olor fue peor que otros días, y Perdigón pensó que tenía que buscar una solución.

No pegó ojo en toda la noche, y cuando se levantó se fue a ver al tío Cuaderno, un gnomo muy sabio.

—Si quieres que tus pies estén más lejos de tu nariz, deberías crecer un poco.

Aquel consejo le pareció bueno: ya sabía cómo resolver el problema. Estaba decidido a crecer, a crecer cuanto fuera posible para que el tufo no lo castigase con tanta fuerza.

Y como la mejor manera que se le ocurría para crecer era

comer, se puso a comer, a tragar, a engullir, a devorar setas, setas, setas y más setas. Lo único que consiguió Perdigón con este plan fue un dolor de barriga bastante desagradable.

Y, claro, los pies le seguían apestando, así que decidió buscar otro remedio y fue a ver al tío Cuaderno, pero esta vez preguntó a la tía Cuaderna, su mujer, que era aún más lista.

–Para crecer puedes intentar estirarte un poco. Si te cuelgas de alguna viga o algún arbusto, quizá lo consigas.

Aquella idea le gustó, al menos no tendría que pasarlo mal comiendo mucho, y si lo decía la tía Cuaderna, seguro que funcionaría.

Y tal como le había dicho la tía Cuaderna se agarró a la rama de un arbusto, convencido de que con su propio peso su cuerpo iba a estirarse.

Ya llevaba un buen rato colgado como una pera, cuando pasó por allí cerca una gnoma joven y sonrosada con un gran ramo de flores.

—¿Qué haces?

—Cuelgo —contestó Perdigón un poco avergonzado.

—Ya lo veo. ¿Y para qué?

—Para crecer.

—¿Y para qué quieres crecer?

—Pues..., pues... Para... Para que mi nariz esté más lejos de mis pies —contestó cada vez más avergonzado.

La joven gnoma dudó un momento. Le pareció que Perdigón era un poco tontorrón, aunque también era guapo.

—¿Y para qué quieres que tu nariz esté más lejos de tus pies?

—Pues... Porque tengo un problema.

—¿Te huelen mal? —adivinó la gnoma al instante.

—Sí, un poquito —mintió Perdigón.

—¿Y ese es el problema?

–Pues claro que ese es el problema –replicó Perdigón mucho más avergonzado–. Claro que como el problema es mi problema parece que no es demasiado problema para nadie más.

–¡Uy! ¡Uy! ¡Uy! Creo que el esfuerzo te está afectando. –La joven gnoma sonrió–. Baja un momento. ¡Creo que tengo la solución!

Perdigón se dejó caer y se frotó los brazos, que ya le dolían un poco.

La joven le dio las flores y rebuscó en uno de los bolsillos de su falda. Sacó una pastilla de jabón que olía a rosas.

–Toma, lávate los pies todos los días con este jabón, y verás que tu problema desaparece y tu nariz lo agradece.

Perdigón, rojo como un tomate y feliz como una perdiz, dijo:

–Muchas gracias. ¿Cómo te llamas?

–Lavanda –dijo ella sonrojándose también.

–¡Qué nombre tan bonito! Si te apetece, mañana podemos dar un paseo. Así te podré contar lo bien que ha funcionado tu remedio.

–Claro que sí. Mañana pasearemos –se despidió la gnoma recogiendo su ramo de flores y continuando con su camino.

A la mañana siguiente, envuelto en un espléndido aroma a flores, Perdigón esperó a Lavanda y, cuando apareció le regaló una pequeña estrella de madera que él mismo había tallado. Después dieron un paseo y al día siguiente otro, y luego muchos más... Y tuvieron muchos momentos felices, momentos de colores, de tantos como las flores.

La batalla de los calzoncillos

El emperador Gerardete III estaba preocupado. Según los exploradores de su ejército, el Duque Sito, que vivía en el país de al lado, había reunido a todas las tropas y se aproximaba a las fronteras con malvadas intenciones. El emperador había convocado a su consejo imperial.

—¿Qué es lo que pretenden? —preguntó a su consejero.

—Me parece que quieren invadirnos.

—¿Cuántos soldados tienen? —preguntó a su general.

—Muchos. Tienen cuatro por cada uno de los nuestros. Además cuentan con tropas de caballería y doscientos pasteleros.

—¿Doscientos pasteleros? ¿Y eso es preocupante?

—Bastante, Su Majestad Imperial.

—Por favor, explícame por qué tener doscientos pasteleros en un ejército es importante.

—Son excelentes pasteleros que hacen deliciosas tartas y buñuelos de crema y chocolate. Incluso tienen un especialista en pastel de frambuesa con lentejas.

–¿Y eso está bueno?

–Exquisito.

–Entonces tenemos un problema. Por favor, dejadme solo, necesito reflexionar.

Todos los consejeros abandonaron el salón del trono dejando a Gerardete III más solo que la una. El emperador sabía que estaban en una situación complicada. ¿Qué podía hacer?

Estuvo toda la noche pensando, pero por más que le daba vueltas y más vueltas no encontraba ninguna solución. Por la mañana llamó de nuevo a sus consejeros.

–Realmente no sé qué hacer –les dijo–. ¿Qué hubiera hecho mi padre? –preguntó.

–Majestad –contestó el general–, Gerardete II sin duda hubiera atacado nada más conocer la noticia. Era muy decidido.

–¿Y qué hubiera sucedido?

–El ejército del Duque nos habría dado una paliza considerable.

–Entonces mi padre era un valiente, pero un poco impulsivo.

–Bastante impulsivo, si me permite decirlo.

–Te lo permito. ¿Y mi abuelo? ¿Qué hubiera hecho mi abuelo? Tenía fama de excéntrico, vamos, que era un poco raro.

–Su abuelo, Gerardete I –contestó el consejero imperial–, efectivamente era un poco raro. En cierta ocasión pagó una fortuna por un traje que no existía. Unos timadores le engañaron y le hicieron creer que habían confeccionado un traje maravilloso. Decían que los tontos no podrían verlo nunca. Y como todos nos creemos muy listos, todos decíamos que lo veíamos. Hasta que un niño, en el desfile de gala, descubrió el engaño. Respecto a una batalla nunca sabremos qué hubiera hecho.

Gerardete III se quedó unos minutos en silencio, pensando en las palabras del consejero; parecía muy concentrado.

—Majestad —le interrumpió el general—, según nuestros últimos informes, el Duque y su ejército se encuentran cerca del bosque Verdecillo.

–¿Tan cerca?

–Así es, en tres días llegarán a las puertas de la ciudad. Hay que tomar una decisión cuanto antes.

–Está bien –murmuró Gerardete III–. Actuaremos como mi padre, Gerardete II, y como mi abuelo, Gerardete I.

Los consejeros se miraban unos a otros bastante intrigados: no entendían nada. El emperador se acercó a ellos y cuchicheó las pertinentes instrucciones.

–Esto es un secreto de Estado, nadie puede saber nada.

Dos días después, los habitantes de la ciudad comenzaron a oír un retumbar de tambores, seguido del rumor de miles de pies aproximándose. Desde las murallas, los centinelas vieron como, poco a poco, miles y miles de puntitos negros iban creciendo, luego se transformaban en figuras y poco después las figuras, en soldados. Era el ejército invasor.

—Ahora —gritó Gerardete III—, abrid las puertas.

Los soldados giraron los tornos y subieron las enormes puertas. Instantes después, Su Majestad Imperial Gerardete III aparecía montado en su caballo, vestido con un espectacular... Pero ¿qué era eso? El emperador cabalgaba vestido únicamente con unos calzoncillos blancos con florecillas rojas. Detrás de él iban sus cuatro generales en calzoncillos verdes con elefantitos rosas y, después, sus veintiséis capitanes en calzoncillos azules con paraguas naranjas. Más atrás, marchaban setenta y nueve sargentos en calzoncillos amarillos con soles, lunas y estrellas. Y por fin aparecieron dos mil trescientos cuarenta y ocho soldados con dos mil trescientos cuarenta y ocho calzoncillos negros con el escudo dorado del imperio bordado en el trasero.

El ejército en calzoncillos avanzó sin demora para enfrentarse

con las fuerzas del Duque Sito. Pero los soldados del Duque, al ver el impresionante despliegue de calzoncillos que les atacaba, empezaron a sonreír. Uno soltó una carcajada, lo que contagió a los demás y, en menos de dos minutos, todos los integrantes del ejército invasor se revolcaban por el suelo sin poder contener la risa. Era tanta la gracia que producía ver tanto calzoncillo junto que, descuidaron sus armas y sus caballos. Incluso los pasteleros dejaron caer los bollos y las magdalenas al suelo para reírse más a gusto. Gerardete III aprovechó el momento y, con sus fieles a la zaga, desarmó y expulsó de su imperio al ejército invasor.

Y los soldados del Duque Sito, aunque habían perdido la batalla, no estaban tristes, ninguno había sido herido y se lo habían pasado muy, muy bien.

El emperador, con una sonrisa en los labios, murmuró:

—Gracias, abuelo.

¿Adónde van las chicas?

Caperucita entró en casa corriendo, fue a su habitación y salió en un periquete vestida con una camiseta con un dibujo de un gallo. Siendo Caperucita Roja aquello era un poco raro.

—¿Ya has vuelto? ¿Cómo está la abuela? ¿Adónde vas? —preguntó la madre.

—Sí. Muy bien. A casa de Blanca —contestó la niña y puso pies en polvorosa.

Su madre se preocupó, y como una madre preocupada no para hasta que deja de preocuparse, decidió seguir a su hija.

Caperucita llegó a casa de Blancanieves, llamó a la puerta, esperó dos segundos a que abrieran y entró. Segundos después salían las dos chicas deprisa, muy deprisa.

La madre de Caperucita llegó jadeando. ¡Cómo corría la niña! Solo alcanzó a ver que las dos amigas se dirigían al camino de la ciudad. Cuando hubo recobrado el aliento llamó a la puerta y abrió Sabio, uno de los siete enanitos.

—¡Hola! Sabio, ¿sabes adónde van las niñas con tanta prisa?

—¡Hola, señora Caperuza! Pues no lo sé, y estamos preocupados: Mudito la ha visto con una camiseta con un gato dibujado. Y Mocoso ha oído algo del Palacio de Príncipe Azul Clarito. Supongo que irán hacia allí.

—Pues me voy al Palacio.

—Espere, espere, que vamos todos juntos.

La madre de Caperucita y los siete enanitos cogieron el camino de la ciudad. Estaban casi en la puerta del Palacio del Príncipe Azul Clarito, cuando vieron cómo Caperucita, Blancanieves y Cenicienta salían corriendo.

Llegaron algo cansados y llamaron a la puerta. Fue el mismo príncipe quien abrió.

—¡Hola! ¿Tú sabes adónde van Caperu y Blanca? —preguntó uno de los enanitos—. Las hemos visto salir corriendo con Ceni como si pasara algo grave.

—Pues Cenicienta no me ha contado nada, aunque ha dicho algo de su amiga Bella —contestó el príncipe—. Luego la he visto salir con una camiseta con un perro dibujado, y eso es muy raro porque Ceni nunca usa camisetas.

—Algo debe de pasar, no es normal que tres chicas corran tanto —comentó Gruñón, el enanito gruñón.

—Vayamos a ver qué pasa —dijo preocupada, pero mucho, mucho, la madre de Caperucita.

Y todos salieron al trote detrás de las tres muchachas que estaban en las murallas de la ciudad cuando se metieron por un desvío hacia el bosque.

La madre de Caperucita, los enanitos y el Príncipe Azul también cogieron el desvío.

–¡Hay que ver cómo corren esas chicas! –se quejaban los enanitos que, como tienen las piernas más cortas, no pueden correr mucho.

Las tres chicas llegaron a un castillo en medio del bosque, llamaron, entraron y, antes de que los enanos hubiesen podido descansar, salieron con Bella, que siempre era la última en llegar a todas partes porque se quedaba durmiendo tanto como la dejaban.

El Príncipe Azul Clarito llamó a la puerta del castillo y fue el mismo Príncipe Azul Oscuro el que abrió.

—¿Adónde van esas chiquillas? —preguntó la madre de Caperucita.

—Y sobre todo —dijo uno de los enanitos jadeando—: ¿adónde van tan rápido?

—No tengo ni idea —contestó el Príncipe Azul Oscuro—, pero la cocinera me ha dicho que ha oído algo del Granero Dorado, y luego he visto a Bella con una camiseta que llevaba un burro dibujado. Y eso es muy raro, porque ella casi siempre va en pijama.

—¡Todos al Granero Dorado! —gritó la madre de Caperucita, y encabezó la marcha a toda velocidad hasta la ciudad.

Después de una carrera agotadora llegaron a las puertas del Granero Dorado. Había muchas, muchas, muchas personas moviéndose de un lado a otro; se notaba cierto nerviosismo en todos los presentes.

Fue la madre de Caperucita la que detuvo a unas chicas que también llevaban camisetas de burros y gatos, perros y gallos, y preguntó:

—Pero ¿qué pasa? ¿Por qué hay tanta gente?

—¿Acaso no lo sabe? —contestó una de ellas—. Hoy es el concierto.

–¡Un concierto! –exclamó el Príncipe Azul Oscuro–. ¿Y quién actúa?

–¿Quién va a ser? –se burló otra de las muchachas–. Los músicos de Bremen.

Los príncipes y la madre de Caperucita se asomaron a una de las ventanas en el mismo instante en que el gallo cantante

lanzaba su primer gorgorito. Los enanitos se pusieron de puntillas pero no consiguieron ver nada.

–¿Qué pasa? ¿Qué pasa?

Y no pasaba nada grave, solo pasaba lo que tenía que pasar: Caperucita, Blancanieves, Cenicienta y la Bella Durmiente estaban como locas bailando y cantando, gritando y bailando, cantando y gritando.

–Pero ¿qué pasa? –insistió un enanito.

–Nada –contestó la señora Caperuza–. Creo que las chicas están viviendo la noche de sus sueños. No nos necesitan.

–No, me parece que no –dijeron al unísono los príncipes.

Y todos volvieron a sus casas contentos, por lo que llegaron en un momento.

El hada despistada

Mimí es un hada pequeña y vivaracha. Ha terminado hace poco sus estudios en la Academia de Brujos, Hadas, Genios y otros Seres con Deseos de Conceder Deseos y está deseosa de que los deseos deseados por lo demás se hagan realidad. Tiene muy buen corazón y está decidida a conceder inmediatamente todo lo que le pidan. Así que cuando su superiora –el Hada Madrina, que aquel día tenía un leve dolor de cabeza– la envió a casa de Cenicienta con las instrucciones de convertir una calabaza en una carroza y unos ratones en unos caballos, se puso muy contenta.

Eligió su mejor traje se acicaló y salió volando a todo volar. Cuando encontró a Cenicienta estaba algo nerviosa; era su primer encantamiento, y todo el mundo sabe que la primera vez que haces algo igual no te sale demasiado bien.

Y así fue, a pesar de que las instrucciones eran muy claras. Mimí confundió una calabaza con un calabacín y a los ratones con dos pajarillos, les dio un toque con su varita y ¡zas!, el vehículo en el que se subió Cenicienta era como el coche de una montaña rusa: estrecho y saltarín. Por eso Cenicienta quiso volver antes de las doce a su casa, para poder regresar caminando y no tener que montar en el calabacín saltarín.

Mimí no se quedó muy contenta con aquello, pero pensó que podría arreglarlo al día siguiente.

Esta vez el encargo era más fácil. Solo tenía que conseguir unas botas para un gato; unas botas mágicas, eso sí.

Mimí pensó que lo más difícil sería encontrar unas botas de una talla que le quedara bien al gato. ¿Y si eran muy grandes? ¿Y si le apretaban? La pequeña hada, concentrada en que

el gato estuviera cómodo, pronunció un encantamiento pensando en las patitas del minino. Y lo que consiguió fue un par de zapatillas, pero deportivas. ¡Ah! y de las buenas, buenas.

Y aunque le quedaban estupendamente, el gato se quejó. La verdad es que impresiona mucho menos un gato con zapatillas que un gato con botas.

—Mucho peor hubiera sido un gato con chanclas —repuso ella.

Tampoco acertó Mimí cuando el Hada Madrina le encargó que consiguiese un instrumento musical como regalo de cumpleaños para un burro.

—Algo sencillito —insistió el Hada Madrina-, que es un animal poco espabilado.

Mimí pensó que aunque un burro fuera un burro, no tenía por qué ser burro, y que eso de la flauta con un agujero solo era poco para un burro, aunque no fuese demasiado hábil.

Pronunció su hechizo pensando en un animal muy listo y muy hábil. Pero el resultado no fue el deseado.

—Pero ¿cómo se te ocurre regalarle un acordeón a un burro? ¿Pensabas que iba a tocar esas teclas tan pequeñas con las pezuñas? ¿Dónde tienes la cabeza? —la regañó el hada Madrina.

Esta vez tampoco había acertado. Todo el mundo se había reído del burro cuando el pobre intentó tocar aquel invento tan complicado.

Mimí estaba triste, todos sus hechizos habían salido mal.

–No pasa nada –le dijo el Hada Madrina para animarla–. Es normal, no te preocupes, ya aprenderás. También a mí, al principio, me salían las cosas regular.

–¿Y cómo lo solucionaste?

–Pues poco a poco. Estudiando y fijándome mucho. ¿Has repasado el libro de conjuros, hechizos y encantamientos de la Bruja Jajá? Hay una fórmula muy buena para los despistes.

«Qué gran idea», pensó Mimí. Dio las gracias al Hada Madrina y se marchó a la Biblioteca Encantada.

Dio con el libro lo abrió y buscó la palabra «despiste». Era verdad, había un encantamiento. Fue a la página indicada y leyó en voz alta:

HECHIZO CONTRA LOS DESPISTES

Para evitar errores, comer dos coliflores.

Y fijarse como un búho. ¿De acuerdo?, pues continúo.

Tener mucho cuidado y coger la varita por el lado.

Si la agarras por la punta, todo se te descoyunta.

Así que era eso. Pero ¡qué tontería! Los hechizos y los encantamientos habían salido mal porque había cogido la varita mágica por la punta. Desde luego, era un despiste grande, pero tonto. Mimí se dijo que nunca más le volvería a suceder.

Y, por casualidad, en el mismo libro dio con un encantamiento para su despiste y su varita. Nerviosa, lo leyó en voz alta:

ENCANTAMIENTO PARA VARITAS DESPISTADAS
Cuidado, no te despistes y desayunes alpiste.
Si tu varita quieres bonita,
pon en la punta una estrella y quedará muy, muy bella.
Otro truco que no sabes: tu voz, siempre suave.
Así tus encantamientos, dejarán a todos contentos.
Nunca más, pequeña hada, volverás a estar despistada.

Mimí colocó en la punta de su varita una brillante estrellita de cristal para no volver a equivocarse. Desde entonces, realiza un montón de hechizos para ardillas y para erizos; y también encantamientos con tomates y pimientos; y bastantes conjuros, unos claritos y otros oscuros...

Pero siempre, siempre, le salen requetebién.

Pedito de Princesa

El aventurero rey Clodoveo decidió dar un paseo con su caballo Sonrisillas, pero el paseo acabó fatal. El rey Clodoveo se puso al trote y le gustó tanto que se puso al galope, y justo cuando más rápido corría, el rey salió disparado como la bala de un cañón entre las orejas del caballo. Sonrisillas había frenado en seco al ver un trébol de cuatro hojas en el prado. El caballo tuvo buena suerte, se comió el trébol de un bocado y le resultó exquisito. El rey tuvo mala suerte, su trasero aterrizó sobre una piedra y se rompió una pierna, lo que le resultó muy doloroso. Después de varios gritos, muchos quejidos y algún llanto, los médicos le escayolaron la pierna y le ordenaron dos meses de reposo absoluto. ¡Vaya rollo!

El rey se aburría, se aburría muchísimo. Como no le gustaba leer, ni los juegos de mesa, ni las medievoconsolas, ni la música, ni la mayoría de las cosas que le gustan a la gente, pues se aburría como una seta en un bosque sin encantar.

Llevaba ya un mes con la escayola y cada vez estaba más irritado. Carolo, el bufón, hacía todo lo posible por distraerle: contaba chistes, imitaba animales, se tropezaba, cantaba, hacía cabriolas y malabares, pero nada.

El rey se aburría, se aburría muchísimo.

Su hija, la princesa Armonía, estaba muy preocupada. Veía a su padre suspirando y gruñendo, gruñendo y suspirando a todas horas. Y cuando no gruñía y suspiraba se quejaba de que le picaba la pierna.

—¿No hay ninguna manera de que mi padre se ría? —le preguntó un día Armonía a Carolo.

—Yo hago todo lo que puedo, pero no sé qué pasa. El rey no se ríe, y eso que le he contado hasta el chiste del perrito y las patatas.

—¿El chiste del perrito y las patatas? No sé cual es, cuéntamelo.

—Es un chiste muy tontorrón, pero hace mucha gracia. Un niño le dice a su madre: «Mamá, mamá, el perrito está malo». Y su madre le contesta: «Pues apártalo y cómete solo las patatas».

A la princesa se le escapó una carcajada gorda y luego dos o tres más pequeñas, se estuvo riendo un buen rato. Pero luego se puso muy seria.

—Pues sí que lo tiene que estar pasando mal mi padre. ¡Pobrecillo! Aunque algo habrá que podamos hacer.

—Bueno... hay una cosa que siempre funciona —dijo Carolo.

—¿Sí? ¿Y qué es? ¿Y por qué no lo has hecho? ¿Seguro que siempre funciona? ¿Y a mi padre le gustará? ¿Me gustará a mí también? Vamos, venga, dímelo.

—Es que no me dejas, princesa.

Armonía iba a protestar pero se contuvo, Carolo tenía razón. El bufón se explicó:

—Un pedo.

—¿Un pedo?

—Claro, si se te escapa un pedo la gente se ríe, pero yo lo hice una vez y el rey se enfadó y me llamó guarro. La verdad es que fue un pedo muy gordo. Sin embargo, si lo hicieras tú, princesa, que eres su hija, sería otra cosa.

–¿Yo? Yo no sé tirarme pedos a posta. Bueno, alguno que otro se me escapa, pero no puedo hacerlo cuando quiera.

–No hará falta. Mira, nos acercamos al trono y tú te inclinas para hacer una reverencia a tu padre y yo, por detrás, cojo un pañuelo como este verde y lo desgarro. Escucha como suena.

Carolo rasgó el pañuelo y, en efecto, sonaba como un pedo. Bueno, como un pedito suave y delicado, un pedete de princesa.

Armonía dejó escapar una carcajada alegre: le había encantado la idea.

La princesa y el bufón se pusieron manos a la obra. Cogieron otro pañuelo y llegaron hasta la puerta del salón del trono.

Llamaron suavemente a la puerta.

–¿Quién es? –preguntó malhumorado el rey Clodoveo.

–Armonía, tu hija.

–¿Y qué quieres?

–¿Puedo pasar?

–¡Mmm! Claro, pasa, pasa, cariño.

La princesa abrió la puerta y entró con Carolo a la zaga.

–¿Y ese soso qué hace aquí? Más le valdría dedicarse a preparar algún truco o inventar algún chiste.

–No te enfades, papá. Ya sé que estás muy aburrido. Mira,

me han enseñado una nueva reverencia muy elegante. Presta atención.

Armonía se inclinó hacia delante en el mismo instante en que se oyó un pedo, un pedete fino y largo, que resonó en el desierto salón del trono como si hubiese sido el maxipedo de una vaca gorda.

El rey abrió los ojos muy sorprendido y estalló en una enorme carcajada. El pedo de su hija le había hecho mucha gracia. Mucha, mucha gracia, tanta que no podía contenerse.

El rey reía, reía, reía sin parar. La princesa miraba a su padre y sonreía satisfecha. Al cabo de un rato al rey se le saltaron las lágrimas de tanta carcajada.

Carolo, rápidamente, le ofreció el pañuelo verde que llevaba en la mano. El rey lo cogió y se enjugó las lágrimas.

Cuando la princesa vio el pañuelo, que estaba intacto, sin un solo siete, miró muy enfadada al bufón, que se encogió de hombros.

–Vamos, hija mía, no te avergüences –intentó consolarla el rey–, a cualquiera se le escapa un pedito. Y ya se sabe: pedo de princesa, aroma de fresa.

El gorro de los deseos

Por aquel bosque pasaba muy poca gente. Era un lugar solitario y alejado de ciudades y pueblos. En el borde del camino solo había una casa donde vivían un leñador y su mujer.

Los dos eran mayores y ya no podían trabajar mucho, por eso eran pobres. Apenas tenían un puñado de guisantes de su pequeño huerto para comer y unas cuantas ramas para calentarse.

Además, se aburrían bastante, siempre allí, solos.

Por eso se alegraron mucho cuando oyeron que alguien llamaba a la puerta. Y eso que aquella noche era de las peores del invierno. Llovía sin cesar y el viento soplaba con fuerza.

El leñador se levantó y abrió la puerta.

Un caminante cansado, empapado y hambriento se presentó ante ellos.

—Buenas noches. ¿Podrían darme cobijo por esta noche? Vengo desde muy lejos y estoy agotado.

—Por supuesto. Pase, pase.

El caminante entró en la cabaña y se sentó junto al fuego. Tenía un aspecto chocante, sus ropas mojadas parecían estar hechas de extraños materiales y eran muy elegantes. Lucía anillos con piedras brillantes y un collar de oro bastante grueso.

—Apenas le podemos ofrecer una sopa de guisantes. Es lo que comemos nosotros.

—Gracias. Será suficiente.

El caminante se comió la sopa de guisantes despacio, con gusto, paladeando cada cucharada. Cuando terminó, el anciano le acompañó a un pequeño cuarto donde había un camastro.

—No es mucho, pero es lo que tenemos.

—Gracias. Será suficiente.

El viajero aguardó a que el leñador hubiera salido, se quitó sus ropajes y sacó de su bolsa un sombrero de tres picos muy raro.

—Voy a dejar aquí el gorro de los tres deseos —murmuró guardándolo bajo el camastro—. No me gustaría que nadie que no supiera manejarlo lo usara. Podría ser peligroso.

Y aunque lo dijo en voz baja, los ancianos, que tenían muy buen oído, y que habían pegado la oreja a la estrecha pared de madera, lo escucharon.

La mujer iba a abrir la boca, pero su marido se la tapó con la mano.

Esperaron un buen rato hasta que oyeron roncar al caminante.

—Un gorro mágico —dijo el leñador.

—Que concede tres deseos —siguió la mujer—. Deberíamos aprovechar la oportunidad.

—Pero ¿no has oído? Puede ser peligroso para quien no sepa manejarlo.

—¿Y qué nos va a pasar? ¿Vamos a ser más pobres? ¿O más viejos?

–Tienes razón. Debemos probar.

La mujer abrió suavemente la puerta del cuarto donde dormía el caminante y entró muy despacio. Comprobó que seguía durmiendo y cogió el gorro.

–¡Estupendo! –exclamó el marido cuando lo vio–. ¿Y qué podemos pedir?

–Son tres deseos. Y yo tengo antojo desde hace mucho tiempo de una cosa.

–Pues pídela, mujer. Aprovecha. Pide, pide.

La anciana dijo:

–Quiero un perro.

Y un perro apareció debajo de la silla. La mujer estaba encantada.

–¿Un perro? –preguntó asombrado el marido–. ¿Has desperdiciado un deseo pidiendo un perro? Pudiendo pedir oro o joyas o un palacio, ¡has pedido un perro! Ojalá te conviertas tú en un gato.

Y la mujer se convirtió en un gato. El perro, cuando vio que en la misma habitación había un gato, se lanzó a por él. El gato enseguida trató de escapar, pero el perro le perseguía a toda velocidad. En un momento la cabaña se convirtió en una pista de carreras llena de ladridos y maullidos.

El anciano, a pesar de estar enfadado con su mujer, la quería mucho y, aunque ahora fuese un gato, no quería que le pasase nada malo.

—¡Basta, basta! —suplicó—. ¡Que todo vuelva a ser como siempre!

El perro y el gato se esfumaron y apareció la mujer, que abrazó a su marido, que la besó feliz.

Sin decir nada más, la mujer dejó el gorro de los deseos debajo de la cama del caminante y el matrimonio se fue a dormir.

Al día siguiente, cuando amaneció, el viajero se levantó y encontró a los dos ancianos junto al fuego, desayunando un poco de sopa de guisantes.

—Antes de partir, me gustaría darles las gracias por su hospitalidad. Soy el Gran Mago Antonino Nino y este es un gorro mágico. ¿Os puedo conceder algún deseo?

—No, no, no —dijeron los dos a la vez—. Con lo que tenemos es suficiente.

El mago sonrió, se puso en la cabeza el extraño gorro de tres picos y se fue silbando.

—Tres deseos... ¡Vaya tontería! —dijo la mujer.

—Tres deseos... ¡Vaya bobada! —dijo el marido.

Colorín colorado

Colorado es un duende simpático, algo travieso, con un montón de pecas y el pelo rojizo, por eso le llaman Colorado.

Colorín es la hermana pequeña de Colorado, es muy divertida, bastante traviesa, tiene una sonrisa encantadora y, de momento, le faltan dos dientes. También es pelirroja, aunque el color de su pelo es más claro que el de su hermano, por eso la llaman Colorín.

Colorín y Colorado casi siempre están juntos. Juegan, se pelean, van a la escuela y, sobre todo, preguntan. Sí, preguntan mucho. Y claro, cuando un duendecillo pregunta mucho, a veces se pone pesado. Pero cuando son dos los que preguntan mucho, la verdad es que se pueden poner muy, muy, muy pesados.

Porque cuando uno pregunta una cosa hace que al otro se le ocurra otra pregunta que, cuando se la responden, causa una nueva pregunta, o dos, y pregunta va y pregunta viene hacen falta un montón de respuestas que no siempre se saben.

Da lo mismo el momento, el lugar o la situación.

–¿Por qué las magdalenas son redondas? –pregunta Colorín en el desayuno.

–¿Y por qué hay galletas cuadradas? –sigue Colorado.

–¿Por qué los elefantes no comen churros?

–¿Qué desayuna un cocodrilo?

–¿Todos los cocodrilos desayunan lo mismo?

–¿Cómo es posible que en el bosque haya un montón de nueces y de castañas y no haya ni una sola tortilla?

–¿Qué es una «avellana»? ¿Un pájaro plano?

Lo normal es que después de ocho porqués, seis cómos, cuatro cuándos, cinco qués y dos o tres dóndes, Mamá Duende conteste enfadada:

—¿Y por qué no termináis de desayunar y cerráis esa boquita de piñón que tenéis?

Pero claro, ella no cuenta con que su pregunta origina un montón de nuevas preguntas en sus hijos.

—Pero ¿cómo vamos a terminar de desayunar si cerramos la boquita?

—¿Tenemos boquita de piñón? ¿Y la nariz de almendra? ¿Y las orejas de cacahuete?

—Si nos callamos terminamos antes y sanseacabó —contesta Mamá Duende.

—Pero ¿por qué...?

—¿Cuándo...?

—Colorado, Colorín —dice enfadada su madre—, las preguntas se han acabado.

Se acaban, sí, aunque solo hasta la siguiente ocasión.

En el campo mismamente, cuando pasean con su papá.

—¿Por qué las nubes son tan gordas?

—¿Por qué tu gorro es tan picudo?

—¿Por qué te afeitas todos los días si te vuelve a salir la barba?

—¿Podemos comer frambuesas?

—¿Si te doy un beso me coges unas moras?

–¿Una ardilla es más fuerte que un oso?

–¿Y treinta ardillas son más fuertes que treinta osos?

–¿Por qué no os calláis un poco que me estoy volviendo loco? –dice Papá Duende

–¿Te has dado cuenta de que has hecho una rima?

–¿Por qué hablas...?

–Colorín, Colorado –dice enfadado el padre–, por hoy hemos terminado.

Así andan todo el día, todos los días, a todas horas. Pero cuando no paran de preguntar y preguntar y preguntar es a la hora del cuento.

Un día su madre y otro su padre les cuentan un cuento al acostarse.

Papá los lee de un libro gordo en el que salen Caperucita, Pinocho, Blancanieves, el Gato con Botas y muchos otros personajes que todo el mundo conoce.

Mamá suele inventarse unas historias divertidas y maravillosas con perros, calabazas, payasos, naranjas, tenedores, titiriteros y cualquier cosa que se le ocurra.

Siempre, pero siempre, siempre, Colorado y Colorín, Colorín y Colorado tienen un montón de preguntas.

–¿Por qué Blancanieves estaba tan contenta viviendo con los enanitos si no paraba de cocinar, fregar y hacer camas?

–¿De dónde sacó el gato unas botas de su talla?

–¿El lobo de los tres cerditos es el mismo que el de Caperucita?

–¿Y por qué es tan tonto?

–¿Pinocho es más pequeño que Pinueve?

Así todo el rato. Y cuando realmente se ponen pesados, cuando no paran de hacer una pregunta tras otra es cuando se ha acabado el cuento.

–¿Y la Bella Durmiente se volvió a dormir?

–¿Se cortó el pelo alguna vez Rapunzel?

–¿Un calcetín que ha viajado en barco es un marinero?

–¿Quién se quedó con el espejo espejito mágico?

–¿Blancanieves volvió a comer manzanas?

–¿A cuántas ranas hay que besar para encontrar un príncipe?

–¿Y si el príncipe sale rana?

–¿Una mariposa es más fuerte que una almendra?

Así todos, todos, todos los días.

Pero una noche, la mamá de los duendecillos estaba muy cansada. Aquella noche, al terminar de contar su cuento, vio que la duendecilla abría la boca, y se dio cuenta de que el duendecillo pensaba y pensaba, entonces dijo muy seria:

–Colorín, Colorado, este cuento se ha acabado.

Y colorín colorado, este cuento se ha acabado.

Basta de besos

El mago Rinillo estaba recluido en su gabinete estudiando encantamientos en un grueso libro cuando llamaron a la puerta.

—Adelante —dijo el mago.

—Hola, Rinillo —saludó la princesa Adelaida entrando—. Tengo una pregunta. Bueno, más de una. ¿Todos los príncipes son iguales? ¿Por qué se visten todos de azul? ¿A ninguno le gusta el color naranja? ¿Cómo sabemos que...?

—Un momento, un momento, princesa. ¿Qué os sucede?

—Pues que tengo muchas dudas, he oído a las damas de la reina hablar de príncipes, y como tú eres el más sabio del reino me gustaría que me contestaras. ¿Los príncipes saben jugar a las cartas? ¿Un príncipe puede comer con las manos? ¿Dónde vive el príncipe más guapo del mundo? ¿Cómo puedo encontrarlo?

—Un momento, un momento —la interrumpió Rinillo, que se estaba agobiando mucho con las dudas de la princesa, ya que

el asunto de los príncipes no formaba parte de su sabiduría–.
Por lo que yo sé, la mejor manera de encontrar un príncipe es
besando a una rana encantada.

–¿Una rana encantada? ¿Y dónde puedo encontrar una rana
encantada?

–Encantada, encantada, no sé, pero en la charca del molino
hay muchas ranas. Yo probaría allí.

–Vale –dijo la princesa y salió corriendo del gabinete del
mago.

Rinillo suspiró aliviado y siguió con sus estudios. Más tarde
volvieron a tocar en la puerta.

—Adelante.

Quien entró esta vez fue el rey, que dejó la puerta entornada, saludó y preguntó:

—¿Has visto a la princesa? Me gustaría hablar con ella pero no la encuentro.

—Sí, sí. Hace un rato estuvo por aquí preguntando cosas sobre príncipes.

En ese mismo instante, la princesa llegó al gabinete del mago. Estaba muy enfadada, había besado a más de cien ranas y de príncipes nada de nada. Lo único que había conseguido era tener los labios hinchados de tanto beso. Iba a llamar a la puerta, pero al verla medio abierta se detuvo y escuchó.

—¿Y qué le has dicho? —siguió preguntando el rey.

—Pues una tontería. Que si quería encontrar a un príncipe que besara una rana, que en la charca del molino hay muchas.

—¿Y se lo ha creído?

—Creo que sí. Ha salido corriendo.

«Una tontería, una tontería —pensó la princesa—. ¿Besar ranas es una tontería? ¿Y tener los labios hinchados también es una tontería? ¡Se va a enterar!»

La princesa se dio media vuelta y se dirigió a la cocina. Allí encontró a diez o doce personas preparando la cena. Sin mediar palabra se acercó a la cocinera más mayor y la besó en la frente. Todos se quedaron boquiabiertos.

–Ha dicho el mago que besar a una abuela con moño da buena suerte –dijo la princesa, y se fue rápidamente de la cocina. Mientras todos los cocineros corrían detrás de la abuela con moño para besarla, la princesa llegó al salón donde disponían la mesa para la cena y besó en la mano al mayordomo.

–Ha dicho el mago que besar a alguien con bigote da mucha suerte. Y el mago es muy listo.

Todos se lanzaron sobre el mayordomo para besarle la mano. En el patio del castillo, hombres, mujeres y niños se afanaban en sus tareas. Cuando apareció la princesa todos la miraron y ella se dirigió a un niño pequeño y le dio un beso en un pie.

–Ha dicho el mago que besar a un chiquillo en un pie atrae la suerte. Y el mago es muy, muy listo.

Inmediatamente todos querían besar el pie del niño y la madre intentaba detenerlos

La princesa volvió al gabinete del mago en el momento en que el rey se despedía.

–Hola, cariño, te estaba buscando –dijo el rey–. Pero ¿qué es ese alboroto?

El mago salió, y los tres se asomaron a la barandilla para ver cómo todos los habitantes del castillo parecían haber enloquecido. Unos corrían detrás de las abuelas con moño, otros pretendían besar a los señores con bigote y los demás querían besar los pies de los niños pequeños.

—¿Se han vuelto locos? ¿Por qué se comportan de esta manera?

—Pues no lo sé —contestó la princesa—, pero nuestro mago, que es muy sabio, conocerá sin duda la respuesta.

El rey miró a Rinillo, pero este no sabía el motivo de aquel lío. Fue la princesa quien lo aclaró todo.

—Y como me dijo que besara a una rana solo para deshacerse de mí, que os escuché hablando en el gabinete, se me ocurrió esto para darle una lección.

En el castillo seguían las carreras y los besos, nadie hacia nada de lo que tenía que hacer. Todos querían besar a alguien para tener suerte.

El rey soltó una carcajada, le había hecho gracia la ocurrencia de su hija. Luego dio dos palmadas y gritó para que todo el mundo le prestara atención.

–¡Basta de besos! ¡Basta, basta! ¡Basta de besos! Besar a alguien no da suerte. Los besos sirven para demostrar cariño.

–Y lo de la suerte ha sido un mal consejo del mago –le dijo en voz baja la princesa al rey.

–Y lo de la suerte ha sido un mal consejo del mago –repitió el rey para que todos lo oyeran–. A partir de ahora, Rinillo será mucho más cuidadoso en sus recomendaciones.

Y desde entonces, en aquel reino, solo se besan cuando sienten cariño por alguien. Incluso la princesa, más tarde, le dio un beso al mago.

La pipa de la paz

Alas doce de la noche, el hechizo se deshizo. La carroza se convirtió en calabaza y los cocheros en ratones. La calabaza era grande, más que grande: enorme; y seguramente estaba muy buena.

Los ratones se relamieron. Uno era un ratón colorado, así que fue a avisar a la familia de los ratones colorados. Y como el otro era un ratón de la familia de los ratones blancos, pues corrió a avisar a los suyos.

Al amanecer, todos los ratones blancos, que vivían en el bosque de castaños, y todos los ratones colorados, que vivían en el bosque de robles, se sorprendieron mucho al descubrir aquella inmensa calabaza.

Los ratones, colorados y blancos, se lanzaron sobre el manjar. Y aunque no se llevaban demasiado bien, porque algunos ratones, como algunas personas, creen que los que no tienen su mismo color son diferentes, se pusieron a comer tranquilamente.

La calabaza era grande, muy grande, parecía que había de sobra para todos los ratones del mundo. Pero llegó un momento en el que los ratones se habían comido toda la pulpa, esa deliciosa carne anaranjada tan rica. Entonces empezaron a comerse las semillas, las exquisitas pipas.

Como había muchas, muchas, muchas, comieron y comieron sin ningún problema. Sin embargo, cuando quedaban poquitas, uno de los ratones colorados dijo:

—Un momento. Tenemos que contar las pipas que quedan para que los ratones blancos no coman más que los ratones colorados.

—Pues claro —dijo uno de los ratones blancos—. Contémoslas.

Las contaron y las repartieron, la mitad para cada familia.

Pero surgió un problema: sobraba una pipa.

—¡Para nosotros! —exclamó un joven ratón blanco—. Nosotros vimos la calabaza primero.

—De eso nada —repuso una ratoncita colorada—, esa pipa es nuestra. La calabaza estaba un poco más cerca de nuestro bosque que del vuestro.

—Es nuestra, y como se os ocurra cogerla vamos a tener problemas.

—Los problemas vendrán si la cogéis vosotros.

Los ratones pasaron de las amenazas a los insultos y, cuando iban a empezar a pelearse por la pipa que sobraba, oyeron un gritito muy agudo.

—¡Alto! ¡Deteneos! ¡Quietos todos!

Los ratones colorados y los ratones blancos miraron hacia el origen de aquella voz y vieron cómo entre los restos de la calabaza, en medio de las cáscaras, aparecía un viejo ratón de color marrón, pero con alguna mancha blanca y alguna mancha roja.

Todos creyeron que aquel ratón era de su familia.

—¡Un momento! —insistió el viejo ratón—. ¿No os dais cuenta de que si os coméis la última pipa todo se acaba? Os quedaréis sin nada y encima os habréis peleado, quizá para siempre.

—Pero es nuestra —argumentó una
ratona a la que rodeaban cuatro
ratoncitos blancos bien gorditos.
—De eso nada, es nuestra —le respondió una ratona colorada.
—¿Y por qué no la compartís?
—propuso el viejo ratón.
—Pero ¿cómo vamos a compartir
una pipa entre un montón de ratones? —preguntó la ratoncita colorada
que había iniciado la discusión.
—Eso mismo pensaba yo —dijo el ratón blanco sonriendo a la
pequeña colorada—. No tenemos ni para dos bocados.
—Eso es lo que estoy diciendo yo —insistió el viejo ratón.
Entre la asamblea de roedores se generalizó un murmullo.
Aquel anciano no sabía lo que decía, repetían casi todos. El
viejo ratón levantó sus bigotes pidiendo silencio y, cuando
todos se hubieron callado, habló pausadamente.

—Hace mucho tiempo, mi familia también tuvo una pelea con los ratones del otro color por una
bellota. Una de las dos ganó,
no recuerdo cuál, pero se la
comió. Fue la última bello-

ta del bosque. ¡Que no nos vuelva a pasar!

Todos los ratones comentaban las palabras del anciano. La verdad es que era una pena que no hubiera bellotas: habían oído decir a las ardillas viajeras que estaban muy ricas.

—Que no nos vuelva a pasar, por favor. Lo mejor sería que plantáramos esa pipa y que cuidáramos entre todos la calabaza, y cuando haya crecido, repartiremos su pulpa y sus pipas.

Todos los ratones se quedaron en silencio. El viejo ratón había hablado con mucha sabiduría. Pero claro, había que cuidar y regar la planta y eso suponía mucho trabajo.

—Y para que no haya ningún problema sobre la propiedad de la calabaza propongo que esta ratoncita colorada y ese joven ratón blanco se encarguen de regar la planta de calabaza todos los días, al atardecer, hasta que crezca y se pueda comer.

Y así lo hicieron, plantaron la semilla, y todas las tardes, cuando el sol se iba poniendo, la pequeña ratoncita colorada y el ratón blanco regaban la planta y hablaban de sus cosas, y jugaban y se reían.

La planta creció y floreció. Los ratones cosecharon una hermosa calabaza que se comieron entre todos. Luego repartieron las pipas, y de nuevo fueron impares, de nuevo sobraba una.

Un año más la plantaron, y otra vez fueron la ratoncita colorada y el ratón blanco los que cuidaron la planta al atardecer. Y la planta floreció y dio una buena calabaza. Temporada tras temporada, sobraba una pipa. Aunque hay quien cuenta que, cuando las pipas eran pares y se podían repartir sin problemas, la ratoncita colorada y el ratón blanco se encargaban de que siempre sobrara una.

Corazón de patata

Aquel invierno fue muy frío. Casi todos los días nevaba y soplaba el viento. El paisaje era totalmente blanco. Hans y Greta se aburrían mucho, dentro de la cabaña no había muchas cosas con las que divertirse, por lo que estaban deseando que hiciera un buen día para jugar en la nieve, al aire libre. Sus padres, unos pobres campesinos, dedicaban el invierno a fabricar vasijas y elaborar mermelada de patata. Porque patatas era lo único que abundaba en aquel lugar, y era casi lo único que comían en aquella casa. Patatas cocidas, fritas, al vapor, asadas, en puré...

Una mañana, Greta se despertó y miró a los árboles; sus copas no se movían, parecía que no soplaba el viento. La niña se restregó los ojos y se levantó, hacía frío, pero menos que otros días.

–Hans, despierta. Ha salido el sol. No hace tanto frío.

Su hermano salió de la cama de un salto y lo que vio le gustó. Sí, aquella mañana podrían salir a jugar fuera de casa.

–Bueno, pero abrigaos bien –dijo su mamá después de desayunar mermelada de patata.

Los niños corrieron por el camino, se lanzaron bolas de nieve y se deslizaron por la cuesta de la fuente. Estaban encantados, pero un poco cansados de tanto ejercicio.

–Podríamos hacer un muñeco de nieve –propuso Greta.

–Vale –contestó su hermano–, uno grande que lleve sombrero y tenga nariz de zanahoria.

–Y una bufanda y unos botones. Vamos a casa a buscar todo.

Entraron corriendo y cogieron una zanahoria, el sombrero de copa del abuelo, unas nueces, una bufanda y dos piñas que no se habían abierto.

—Pero ¿adónde vais con todo eso? —preguntó el padre.

—Vamos a hacer un muñeco de nieve.

—¿Para qué?

—Es bonito y dará un toque de color al paisaje —contestó Greta.

—¿A quién le puede gustar si luego se deshace? Un muñeco de nieve no sirve para nada. Encima os vais a resfriar.

—Bueno —dijo la madre—, déjalos que se entretengan un rato. Eso sí, abrigaos bien. Mirad, esta patata tiene forma de corazón, quedaría muy bien en vuestro muñeco de nieve.

—¡Un muñeco de nieve! ¡Vaya tontería! Con lo ricas que están las nueces se las vais a poner a un montón de nieve. ¡Eso no sirve para nada!

Los niños salieron fuera y comenzaron a modelar su muñeco. Formaron dos enormes bolas de nieve y colocaron una encima de la otra. Después redondearon otra más pequeña y la colocaron encima: era la cabeza.

–Y ahora vamos a adornarlo. Venga, primero el sombrero.

–La zanahoria será la nariz y las nueces, los botones.

–Las piñas para los ojos y la patata en la bola del centro, en el lugar del corazón.

–Le pondremos la bufanda alrededor del cuello para que no se resfríe. ¡Ya tenemos a un nuevo amigo!

–¿Cómo lo llamaremos? –preguntó Hans.

–Corazón de patata –dijo Greta–. ¡Mira! Le ha gustado, creo que sonríe.

–Pero si no tiene boca.

–Sonríe con el corazón, ¿no lo ves?

Hans no lo veía, pero si su hermana lo decía seguro que era verdad.

–Eso es una tontería –volvió a decir el padre cuando entraron los niños en la casa–. No sirve para nada...

Volvieron los días fríos y los hermanos no podían salir a jugar fuera, pero veían a su amigo de nieve por la ventana. Greta insistía en que sonreía y Hans se lo creía.

Llegó la primavera y la nieve comenzó a fundirse. Los animales del bosque salieron de sus madrigueras hambrientos y recorrieron los alrededores buscando algo de comer.

Una ardilla se acercó hasta el charquito que había sido el muñeco de nieve y, muy contenta, recogió las nueces. Un conejo se comió la zanahoria. Una cigüeña, que acababa de llegar del sur y tenía un poco de frío, cogió la bufanda y se la llevó para forrar su nido y estar más calentita.

Una urraca se llevó el sombrero, aunque no se sabe muy bien para qué. Otras dos ardillas cogieron las dos piñas que ya se habían abierto.

Fue un cuervo el que cogió el corazón de patata y se lo llevó, pero cuando volaba sobre una granja aún más pobre que la de Greta y Hans, se le escapó de las garras y se le cayó. Acabó en un hoyito y, tiempo después, una preciosa mata de flores blancas apareció ofreciendo el corazón de patata a alguien que lo necesitaba más que el muñeco de nieve.

El peor mago del mundo

Perolo llevaba mucho tiempo pensando, soñando, imaginando que algún día trabajaría en un circo.

De pequeño sus padres le llevaron una vez y se quedó profundamente fascinado al ver a los domadores, los malabaristas, los equilibristas... Incluso le impresionaron los mozos de pista.

Por eso se puso muy contento cuando se enteró de que el Circo Plim llegaba a su ciudad. Era la oportunidad que había estado esperando.

En cuanto las carretas del circo acamparon en el prado, Perolo preguntó por el director.

—¿Quién quiere conocerme? —dijo un hombretón fuerte, fuerte, con unos brazos que parecían jamones.

—¡Hola! Me llamo Perolo y quiero trabajar en el circo. Llevo mucho tiempo ensayando en casa y me gustaría que viera mi número. Pero ¿usted es el director o el Hombre Forzudo?

—Jovencito, lo primero que tienes que aprender es que en el

circo se hace de todo. Yo soy el director, el Hombre Forzudo, el médico y, a veces, también el cocinero. Espera a que nos hayamos instalado y veremos tu número. No estaría nada mal incorporar alguna novedad al espectáculo.

Durante toda la tarde de las carretas del circo salieron perros amaestrados, trajes de colores, lanzadores de cuchillos, pelotas grandes y pequeñas, sillas, faquires, palomitas de maíz, caballos, trapecistas y un montón de cosas más que Perolo no había visto nunca.

A Perolo se le pasaron las horas volando. Cuando por fin cayó la noche, el director se le acercó y le dijo:

–Bueno, ya estamos instalados, ha llegado tu momento. Dentro de unos minutos, cuando todos los artistas estén sentados, nos harás tu número.

Perolo se metió en un carromato y se cambió de ropa. Quería causar buena impresión. Sin embargo, cuando salió con su chistera verde, su reluciente chaqueta amarilla y sus zapatos rojos de charol todos se rieron.

El chico no se acobardó. Se colocó en el cen-

tro del círculo de artistas, se subió las enormes mangas de su chaqueta y movió sus manos como si fueran mariposas.

–Y ahora... –dijo quitándose el sombrero–, tras unos pases mágicos, podremos contemplar en directo la aparición del conejo mocoso, el más gracioso.

Perolo se sacó una zanahoria del bolsillo y, usándola como una varita mágica, pronunció unas palabras que no entendió nadie. Muy misterioso, hundió la mano en la chistera.

–Y... ¡Ya tenemos aquí al fenomenal conejo!

Pero del sombrero no salió un conejo, sino una berenjena. Todos estallaron en una enorme carcajada.

–Bueno, bueno. Hasta el mejor mago comete un error –intentó disculparse–. Ahora viene uno de los trucos más espectaculares que solo ustedes, afortunados espectadores, van a tener la suerte de contemplar.

Perolo dejó la chistera y sacó de uno de los bolsillos un pañuelo naranja muy grande, que fue enrollando mientras decía:

–En estos instantes la capa del Sultán Carapán viajará, gracias al encantamiento del pimiento, hasta el Más Acá y luego volverá desde el Más Allá transformada en una calabaza con bigote. Pimiento contento, contento alimento –recitaba a la vez que iba aplastando el pañuelo en su mano, aunque lo hacía tan mal que se le salía entre los dedos y se veía mucho–. Pimiento suculento. –Y seguía intentando que no se viera, pero cada vez se veía más–. Pimiento tontaina. –Entonces Perolo estornudó y abrió la mano sin querer–. Esto es un desastre sin bigote.

Todos los artistas estallaron en una gran carcajada, hasta el viejo payaso sonrió.

–Bueno, bueno, son los nervios del directo. Ahora, distinguido público, podrán apreciar la maravillosa técnica de levitación aprendida en el Himalaya de Abajo, cima menor de las grandiosas montañas. En un instante lanzaré al aire un objeto y se quedará suspendido, ¡se mantendrá en el aire sin caer! Luego irá otro y otro, y otro más, y todos aguantarán hasta que un gesto mío los devuelva al suelo donde todos estamos.

El director sonreía, nunca había visto un mago peor, aunque tenía gracia con toda aquella palabrería, además a los artistas les venía bien distraerse un rato.

Perolo sacó de uno de sus bolsillos una llave grande, pesada y la lanzó al aire, pero la llave no se quedó flotando, sino que cayó sobre su propio pie, lo que le arrancó un aullido de dolor y al público, una risotada general.

—No pasa nada. Ahora lo intentaré con esto —dijo mostrando un tomate. Y sin dar tiempo a nadie lo lanzó, esta vez hacia delante y le cayó al domador sobre su reluciente calva. Todos, menos el domador, se volvieron a reír.

Aprovechando la risa, Perolo sacó una sartén y se la enseñó al público.

—No, no, no —gritaron asustados.

Pero Perolo se la tiró a la trapecista y, aunque se asustó, se dio cuenta enseguida de que era una sartén de papel y no pesaba nada. Una nueva carcajada general estalló.

–Y con esto terminamos la esplendorosa actuación de Perolo, el artista del Polo. Muchas gracias y mucha suerte a todos.

El aplauso fue general. Cuando los artistas se calmaron un poco se acercó el director.

–Ha estado muy bien, nos hemos reído mucho –le dijo al chico–. Pero no te puedo contratar, eres el peor mago del mundo.

–¿Mago? –preguntó asombrado Perolo–. Pero si yo no soy mago, soy payaso. Y si todos se han reído, sí me puede contratar. No lo hago mal del todo.

El director dudó, levantó la vista y vio al viejo payaso que hacía un gesto afirmativo con la cabeza.

–Contratado –dijo al fin–. Eres un mal mago, pero un gran payaso.

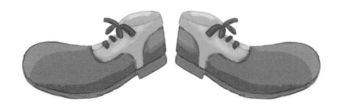

La ciudad del Arcoíris

La ciudad del Arcoíris debería ser una ciudad alegre porque con ese nombre una ciudad o cualquier otro sitio tiene que ser alegre.

Sin embargo, no es así. Desde hace mucho, mucho, pero que mucho, mucho tiempo es una ciudad aburrida. Sí, tiene muchos colores, pero nadie disfruta de ellos. Según una costumbre muy antigua los lunes todos los habitantes de Arcoíris se tienen que vestir de color rojo y comer patatas fritas; los martes el color de la ropa he de ser naranja y los ciudadanos tienen que saltar a la pata coja; los miércoles visten de amarillo y se ponen la mano sobre los ojos como si les deslumbrara el sol, aunque haya algún que otro miércoles que llueva a mares. Los jueves todos, pero todos, todos, desde el alcalde hasta el guardia de tráfico, desde el juez hasta el panadero, tienen que vestir de color verde y, además, cuando tienen tiempo libre jugar a las cartas. Los viernes se visten de azul y hacen pompas de jabón. Los sábados se visten de color añil, que es un color parecido al azul, pero se llama añil, y van dando palmas todo el rato. Y, por fin, los domingos usan ropas de color violeta y todos sonríen y sonríen hasta que les duele la cara.

Y alguien podría decir: «¡Qué divertido! En la ciudad del Arcoíris hacen muchas cosas y visten de colores muy variados». Y eso es verdad, pero si todos los lunes tienes que comer patatas fritas y todos los sábados, dar palmas y vestir de añil; llega un momento en que es un rollo, porque ¿y si no te apetece saltar a la pata coja aunque sea martes? ¿Y si el viernes tu traje azul está sucio? Pero nadie decía nada, nadie protestaba por nada y todos seguían las costumbres todos los días de todas las semanas de todos los meses de todos los años.

Un buen día llegó a la ciudad del Arcoíris una joven titiritera. Entró por la puerta grande lanzando al aire pelotas y recogiéndolas antes de que cayeran al suelo. Y lo más raro: la muchacha iba vestida con una falda roja, una blusa naranja, con un pañuelo amarillo alrededor del cuello, sus medias eran a rayas verdes, un zapato era azul y otro añil y el bolso del que había sacado las pelotas era de un precioso color violeta.

La joven se detuvo en el centro de la plaza, y en un instante se vio rodeada por todos los habitantes de la ciudad, que iban vestidos de verde. Miraban intrigados y, tras examinar a la joven unos minutos, alguien preguntó:

–¿Por qué no vas de verde? Hoy es jueves.

–Porque me gusta el azul –respondió la joven.

–Pues espérate a mañana. Los viernes son los días del azul.

–También me gusta el rojo, y el naranja, y otros colores más raros como el magenta, el turquesa... –dijo sonriendo la chica.

–Y no deberías sonreír tanto –añadió el alcalde–. Hoy no es domingo.

–¿Solo se puede sonreír el domingo?

–Naturalmente, esta es una ciudad ordenada.

–¿Por qué? A mí me gusta sonreír siempre, y yo soy una chica ordenada.

—¿Y haces pompas de jabón cualquier día? —preguntó un chiquillo.

—Por supuesto, y monto en bicicleta y como naranjas y juego al escondite y sueño con las nubes y me disfrazo de pirata y mastico chicle...

—¿Todos los días? —preguntó otra vez el chico.

—Siempre que me apetece.

—Pues aquí no hacemos eso. Esta es una ciudad ordenada y sus habitantes son serios —dijo el alcalde.

—¡Vaya pena! Si no hay ninguna ley que lo prohíba, me voy a dormir un rato al hotel y esta noche, a las diez, actuaré ante ustedes con mi espectáculo de malabares y risas.

La titiritera se despidió con una reverencia y, cuando salía de la plaza, el chiquillo le hizo una pregunta más:

—¿Cómo te llamas?

—Alegría —respondió la joven.

Aquella noche, los habitantes de la ciudad del Arcoíris disfrutaron un montón de las habilidades y las canciones de Alegría, y ninguno pensó en qué día estaban. Y lo mejor fue que casi todos llevaban ropas de muchos colores.

Dos tristes cerdos
y uno contento

Después de su archiconocida aventura con el lobo, los cerditos vivían tranquilos. Se pasaban todo el día sin hacer nada. A veces se tumbaban en la hierba y hablaban de quién era el mejor, de quién era el que más saltaba, de quién era el que más corría, de quién era el más guapo... ¿Y quién era todas esas cosas? No estaba nada claro, porque cuando competían unas veces ganaba uno y otras veces el otro. Bueno, ganaban el mayor o el mediano, porque al pequeño ni siquiera le dejaban participar.

Aquella tarde de finales de verano, los dos cerditos mayores estaban en la ribera del río, como siempre, bastante aburridos, como siempre, cuando vieron, en la otra orilla, una sombra que se movía. Levantaron las orejas y aguzaron la vista, y lo que vieron les gustó, les gustó mucho. Allá enfrente, entre los juncos, estaba bebiendo agua una preciosa cerdita.

–¡Vaya jamones tan espectaculares! –exclamó el mayor.

–¡Qué cochinilla más guapa! –dijo el mediano.

Y los dos cerditos se pusieron en pie y se acercaron un poco más para verla mejor.

–Creo que voy a ir a pasear con ella –dijo el mayor.

–Eso crees tú, seguro que prefiere pasear conmigo –le interrumpió su hermano mediano.

–De eso nada, cuando nos vea, se dará cuenta de que...

–De que yo soy el mejor.

–De eso nada. No te lo crees ni dormido.

–De eso todo. No te lo crees ni despierto.

Y empezaron a discutir. Podrían haber estado discutiendo mucho tiempo si no llega a aparecer el cerdito pequeño, que les preguntó por qué discutían.

Entonces los dos le contaron el motivo de su disputa.

–¿Y por qué no vais juntos y que sea ella quien decida?

–Está bien.

–De acuerdo.

–Voy con vosotros.

Los tres cruzaron el río y se acercaron a la preciosa cerdita.

–¡Hola! Qué tarde tan agradable, ¿verdad, chicos? –dijo ella con voz aterciopelada.

Los dos mayores se queda-
ron mudos un instante.

–¡Hola! Mis hermanos quieren pasear contigo por los
cañaverales, pero tienes que
elegir a uno –intervino el
cerdito menor.

La cerdita sonrió con mali-
cia, remoloneó un poco y
luego dijo:

–Me encantaría pasear con el más...

–¿El más rápido? –preguntó el mediano–. Ese soy yo.

–¿Con el más listo? –siguió el mayor–. Ese soy yo.

–De eso nada.

–De eso todo.

–No te lo crees ni dormido, cara de salchichón.

–Tú sí que no te lo crees ni despierto, culo de chorizo.

Y de los insultos pasaron a los gruñidos, y de los gruñidos a
los empujones, y de los empujones a los mordiscos... Los dos
cerditos se pelearon durante un buen rato, y cuando se detuvieron porque estaban cansados parecía que les había pasado
por encima una manada de elefantes, un ciclón y tres torna-
dos. Tenían los pelos aplastados, varios arañazos y se habían
llenado de barro. Aún así, sonreían satisfechos y miraban a la

cerdita esperando su elección. Ella no se lo podía creer: ofrecían un aspecto lamentable.

–Pues como estaba diciendo antes de que me interrumpierais con vuestra tonta pelea –dijo un poco enfadada–, me encantaría pasear viendo el atardecer por los cañaverales con el cerdito más tranquilo, más educado, más guapo... Por eso mismo, no tengo ninguna duda. ¿Serías tan amable de acompañarme? –le preguntó al cerdito pequeño.

El chiquitín sonrió y asintió. Avanzó hasta la preciosa cerdita, y los dos se perdieron entre los cañaverales de la orilla del río mientras que sus hermanos mayores se quedaban pasmados.

–No entiendo por qué se va con ese mequetrefe, si se ve de lejos que yo soy mejor.

–De eso nada, el mejor soy yo.

–No te lo crees ni dormido.

–Tú sí que no te lo crees ni despierto.

Y siguieron discutiendo y discutiendo. Pero ya no había nadie cerca para escucharles.

Feroz, pero poco

En el zoológico hay un montón de animales.

Los hay grandes y pequeños, guapos y muy feos, simpáticos y sosos. Hay alguno muy tranquilo y, si te fijas bien, puedes encontrar alguno muy feroz.

–¿Y ese es el lobo feroz? –preguntó Lidia a sus padres.

Aunque eso era lo que ponía en el cartel, era muy difícil creerlo. El animal que señalaba la niña era flacucho y tenía los ojos tristes, parecía asustado, su pelaje estaba revuelto y daba más pena que miedo.

–No, cariño. Este es otro lobo, el lobo feroz es el que salía en el cuento de Caperucita –le explicó su padre.

Al oír aquellas palabras el lobo levantó las orejas y, lentamente, se acercó.

–Yo soy el lobo que sale en el cuento de Caperucita.

Los padres se asustaron al oír a un animal hablar, pero Lidia se acercó un poco más y le preguntó:

–¿Sí? ¿Es verdad lo que pasó en el cuento?

—Pues no, la verdad es otra. ¿Quieres escucharla?

—Sí, por favor.

El lobo se sentó sobre sus patas traseras y se aclaró la voz.

—Yo era un lobato joven e inexperto que vivía en las montañas. De vez en cuando, bajaba hasta el bosque a comer frambuesas y a jugar con las mariposas. A mis padres no les gustaba nada mi comportamiento, pero los padres siempre se preocupan demasiado por sus hijos. —La mamá de Lidia tosió, pero

no dijo nada. El señor Feroz prosiguió–: Aquella tarde apareció una abuelita y me dijo que quería gastarle una broma a su nieta, que era un poco pesada y siempre estaba preguntando tonterías. No sé cómo, pero me convenció, y acabé metido en una cama con un camisón de abuela y con una niña delante de mí, preguntándome un montón de cosas que yo no sabía responder. Que si para qué quería esas orejotas tan feas, que por qué tenía tantos dientes si solo me hacían falta cuatro o cinco. Cuando me preguntó para qué quería mis bigotes y vi que acercaba la mano para tirarme de los pelillos, me asusté y grité. En ese mismo instante, la abuela, que estaba hablando con un leñador y un cazador, regresó y los cuatro echaron a correr detrás de mí como si yo hubiera hecho algo malo.

»Me asusté aún más y me escapé de aquel bosque. Después de varias horas llegué a un lugar donde estaban construyendo una casa de paja y otra de madera. Un cerdo con gorra me dijo que no eran casas, sino tartas de cumpleaños, y que soplara la que quisiera. Soplé una y salió un cerdito corriendo, soplé otra y apareció otro cerdito; los dos se metieron en una casa de ladrillos. El cerdo de la gorra me dijo que me esperaban para la fiesta, pero que en aquel lugar era costumbre entrar por la chimenea. Como soy muy educado le hice caso, y acabé con la cola chamuscada y tres cerdos corriendo como locos detrás de mí. ¡Se querían hacer unos cinturones con mi pellejo! Estuve corriendo y gritando hasta que me alejé de allí con una ronquera tremenda.

»Llegué a un pueblo y pregunté por un médico para que me curase la garganta. Me señalaron dónde estaba la casa, aunque me advirtieron que el doctor era muy bromista. Y era verdad, que si mete la pata por debajo de la puerta, que si aclárate la voz... Entonces me enfadé: yo quería que me curase y me estaba tomando el pelo. Me puse a aporrear la puerta para que me dejase entrar, pero apareció una cabra muy enfadada diciendo no sé qué de sus siete cabritillos y me dio tres cornadas. No me quedó más remedio que poner pies en polvorosa otra vez.

»Aquello fue el colmo, me había hartado de tanto correr, así que me retiré. Me vine a vivir aquí, tranquilo, a contar cuentos. ¿Te gustan los cuentos? ¿Sí? Pues si quieres, mañana te cuento otro.

Pinocho y Pinueve

Pinocho, el muñeco de madera hecho niño, se dirigía por primera vez en su vida al colegio. Estaba muy contento porque su padre, Gepeto el Carpintero, le había contado cosas maravillosas sobre las clases, los maestros y los otros chicos.

Pero su padre no siempre acertaba.

Al bajar la cuesta del molino, Pinocho se encontró con otro niño que se dedicaba a machacar hormigas con una piedra. Cuando vio a Pinocho se quedó mirándolo.

–¿Tú quién eres?

–¡Hola! Soy el hijo de Gepeto el Carpintero. Me llamo Pinocho.

–¿Pinocho? ¿Te llamas Pinocho? ¿Y eso es un nombre?

–Pues claro, y bien bonito. ¿Cómo te llamas tú?

–Si tú te llamas Pinocho, yo me llamo Pinueve –dijo el otro chiquillo riéndose–. Anda, vamos al río a cazar ranas.

–No puedo, tengo que ir a la escuela. Mi padre me ha dicho que para ser el mejor hay que estudiar mucho.

—Pero Pinocho, nunca podrás ser el mejor con ese nombre. Sobre todo si compites con Pinueve, que es más que Pinocho.

—Eso habría que verlo —dijo Pinocho algo enfadado por la chulería de Pinueve.

—Pues vamos a verlo. ¡Venga, sígueme!

Pinueve salió corriendo en dirección al río y Pinocho de repente se olvidó de Gepeto y de la escuela y echó a correr tras él.

En la orilla, Pinueve se quitó los zapatos y se remangó la camisa. Luego miró a Pinocho fijamente.

—Vamos a ver quién coge más ranas.

Pinueve se metió en el agua y Pinocho le imitó. Aunque en ese mismo instante pensó que aquello era una tontería. Él nunca había cogido ranas, ni siquiera estaba muy seguro de cómo era una rana; llevaba poco tiempo en este mundo.

—Ya tengo seis —dijo Pinueve al cabo de un rato—. ¿Y tú?

—¿Esto es una rana? —preguntó Pinocho.

—¡Ja, ja, ja! ¡El mejor, el mejor! —se burló Pinueve—, y solo eres capaz de coger un caracol. Ahora veamos quién trepa más alto.

Los chicos salieron del río y se detuvieron debajo de un gran castaño.

Aquel árbol era muy grande, Pinocho levantó la vista y sintió un poquito de miedo.

—Para que veas lo majo que soy, te dejo primero —le dijo Pinueve.

El pobre Pinocho quiso agarrarse a una de las ramas más bajas, pero sus brazos no podían con el peso de su cuerpo. Después de varios intentos estaba magulla-do y muy cansado.

—Te gané —dijo el chiquillo subién-dose a una ramita sin despeinar-se siquiera—. ¿Quién es el mejor? ¿Pinocho o Pinueve? ¿Te atreves a otra prueba?

—Pues claro. No eres más que un fanfarrón. Pero ahora la elijo yo.

—Bueno, te voy a ganar igual.

Pinocho se sentó en el suelo y se puso a pensar, tenía que encontrar algo que se le diera muy bien.

—Venga, vaya rollo. ¡Hasta para pensar soy mejor que tú!

—¡Ya lo tengo! —exclamó Pinocho—. Vamos a ver quién corre más mientras el otro cuenta hasta diez. Empiezo yo desde aquí, hasta aquella piedra de allí. ¿De acuerdo?

—Como quieras, pero de nuevo comprobarás que Pinueve es mejor que Pinocho.

—Bueno, bueno. Cuenta y ya veremos.

—Preparado, listo... Ya. Uno, dos.

Pinocho corrió todo lo que pudo, y al llegar a diez se detuvo justo al lado de la piedra que había indicado. Se subió en ella y le dio la salida al otro.

Pinueve corría como un galgo, era mucho más rápido que Pinocho, y además Pinocho contaba algo más despacio.

—Ocho, nueve y...

Y Pinueve llegó hasta la piedra, pero iba tan deprisa que no pudo frenar a tiempo, y resbaló y aterrizó en un gran charco que había detrás.

Pinocho se acercó y le dijo:

—¡Vaya! Acabas de demostrar que Pinueve es mejor que Pinocho en otra prueba: ¡llenarse de barro!

Carnaval animal

En un lugar muy lejano había una selva en la que todos, todos, todos los animales comían bocadillos de queso, yogures de coliflor con bífidus y flanes de zanahoria.

No, no es tan raro.

Todo empezó una mañana en la que un león había dado un mordisco a una cebra, lo que a la cebra no le hizo mucha gracia. Por la tarde un leopardo se abalanzó sobre una gacela y le dio dos zarpazos. Y por la noche, un grupo de hienas estuvieron persiguiendo durante un buen rato a un búfalo joven, que se asustó mucho.

Al día siguiente todos los comedores de hierba se reunieron en el río. Estaban enfadados con los de los colmillos porque últimamente se estaban poniendo muy pesados con tanto mordisco y zarpazo y, como dijo un antílope: «Ya está bien de tanto lío».

–¿Y qué podemos hacer? –preguntó un ñu.

—Podríamos ponerles unos bozales —contestó un pequeño jabalí verrugoso e ingenioso.

—¡Buena idea! —exclamó un viejo búfalo—. ¿Y se van a dejar? ¿Y quién se va atrever? ¿Y de dónde vamos a sacar los bozales?

—Vale, vale, abuelo —le interrumpió otro búfalo joven—, que te embalas.

—Podríamos irnos a vivir a otro sitio donde no haya dientes largos —propuso una jirafa timorata.

—¿Todos? —preguntó un sabio elefante—. ¡Pero si somos millones! Además dientes largos hay en casi todo el mundo. Si no son leones, son tigres, cocodrilos, jaguares... Y lo peor, en muchos sitios hay hombres que, aunque no tienen los dientes largos, son más bichos que los bichos mordiscones.

—¿Y por qué no organizamos un baile de carnaval y les invitamos a todos?

Tras esta propuesta se hizo un largo silencio. Nadie se atrevía a decir nada, los animales miraban a su alrededor en busca del responsable de esas palabras. Todos estaban confundidos.

–Ya sé que parece una tontería –dijo al fin una tímida cebra–. Pero es muy sencillo. Si celebramos un baile de carnaval, nos disfrazaremos, y entonces no seremos cebras o antílopes, podremos ser tigres o cocodrilos y nadie sabrá a quién morder. O todos podremos morder a todos.

Un murmullo se elevó entre los animales, lo que decía la cebrita era algo muy raro, pero podía funcionar.

–Sí –dijo un elefante muy entusiasta–. Me parece buena idea. Yo me voy a disfrazar de serpiente.

–Bueno, bueno, bueno –contestó la cebra tímida–, no estaría mal que buscásemos disfraces apropiados a nuestro tamaño.

Los demás animales estallaron en una sonora carcajada que no gustó mucho al elefante, pero como era un entusiasta no dijo nada. Los pájaros, mensajeros de la selva, transmitieron la noticia por todos los rincones, invitando a toda la selva al primer baile de carnaval animal junto al río.

Cuando llegó el mediodía del domingo, hora del esperado evento, se habían reunido en la orilla un montón de animales. Pero ¿de qué especie? Había cebras disfrazadas de leones, leones disfrazados de gacelas, cocodrilos disfrazados de jabalíes, un elefante disfrazado de mosca (aunque a este se le notaba mucho). También se podían ver búfalos disfrazados de leopardos, hienas de antílopes y

un montón de animales más disfrazados de otro montón.

Los monos, que eran los músicos, tocaban canciones divertidas y todos bailaban con todos. La cosa fue bien hasta que una cebra –bueno, un león disfrazado de cebra– mordió a una gacela, que no era una gacela, sino un leopardo disfrazado de gacela, lo que no le hizo mucha gracia.

La gacela, bueno, el leopardo, mordió a una jirafa, que era una hiena. Y la hiena, disfrazada de jirafa mordió a un ñu, que no era un ñu, sino un cocodrilo. Y el cocodrilo, disfrazado de ñu mordió a un elefante, que no era un elefante, sino una leona. Y la leona, disfrazada de elefante...

Al cabo de un rato todos se mordían a todos y se arañaban, lo cual no era del agrado de ninguno de los invitados, hasta que un elefante centenario gritó con su voz ronca:

–¡Ya está bien de pelear! A partir de ahora nadie morderá a nadie y todos seremos amigos.

Y desde entonces, gracias a la astucia de una tímida cebra, en aquella selva todos comen bocadillos de queso, yogures de coliflor con bífidus y flanes de zanahoria.

Aprendiz de príncipe

Rodeada de verdes y florecidas praderas, entre sauces, robles, castaños y algún cardo borriquero que otro, cerca de las maravillosas montañas picudas, se encuentra la Laguna Azul, un lugar maravilloso donde la suave brisa refresca los atardeceres, y el sol arranca preciosos destellos de la superficie del agua con cada uno de sus rayos.

Bueno, también hay algunos mosquitos pesados que pican a todo el mundo. Y el agua está fría, pero fría, fría congelada, porque viene de las montañas que están al lado. Además, las cigarras no paran de cantar y cantar todo el día... si es que a eso se le puede llamar cantar, porque es un sonido bastante desagradable. De noche están los grillos compitiendo con las cigarras. ¡Quién será peor! Por eso en la laguna hay algunos que se lo pasan bien y otros no tanto.

—No lo soporto —se quejaba Darío—. Todo el día dentro del agua. Para un lado, para el otro, para arriba, para abajo...

—Para ya y no protestes tanto —le interrumpía Anna—. En el

agua solo estamos por la mañana. Y da gustito poder nadar así, despacito.

—Sí, eso lo dices tú que no tienes la piel tan sensible como yo. Además, ¿para qué tenemos que aprender cuatro estilos? Si con nadar hacia delante es suficiente.

—¿Acaso no dices que vas a ser un príncipe moderno? Pues alguien tan importante tiene que saber muchas cosas.

Darío se enfadaba cuando le llevaban la contraria y, si estaba en el agua, se sumergía para no escuchar. Daba una vuelta buceando y salía a respirar como si no hubiera pasado nada.

Claro que eso lo hacía cuando era Anna, su amiga, quien le contrariaba. Pero si era el profesor Turqueso el que le regañaba, no le quedaba más remedio que aguantarse. Una vez se sumergió mientras estaba hablando el profesor y le castigó con contar todas las hojas de un sauce llorón. Y ese sauce era el árbol más inmenso de toda la laguna.

—Ahora —dijo el profesor—, todos fuera del agua. Toca clase de alimentación. Vamos a ver las cosas que se pueden comer sin ningún peligro. Por ejemplo, las zarzamoras son unos frutos muy sabrosos...

—Un momento, profesor —interrumpió Darío—. ¿Dónde están las servilletas? ¿Y el cuchillo y el tenedor? ¿Y la cucharilla de postre? Mi padre dice que alguien tan importante como yo no debe descuidar bajo ninguna circunstancia los modales.

–Solo estaba poniendo un ejemplo –replicó algo molesto el profesor–. Dejemos la comida para otro momento. Hoy no tengo ganas de discutir.

–¿Podríamos practicar algunas danzas? Todo el mundo sabe que el baile es algo importantísimo en la vida de un príncipe.

–Sí, pero es que tú...

–¿Y si jugamos al ajedrez? –preguntó a continuación Darío–. El ajedrez es un juego de reyes y príncipes que, además de entretener, enseña a plantear estrategias para las batallas, y un buen príncipe tiene que dominar...

–Bueno, eso es cierto –contestó el profesor Turqueso–, pero es que tú...

–¿Por qué no nos da una lección sobre la moda cortesana? Entre las habilidades de un buen príncipe una, quizá la más importante, es saber vestir con elegancia, porque un príncipe es el representante de...

–Sí, sí, lo que dices es verdad, pero es que tú...

–Claro que sí –insistió Darío–. Yo voy a ser uno de los mejores príncipes de todos los reinos de todos los tiempos de los confines del mundo.

El profesor Turqueso se había quedado callado, pero su cuello había empezado a hincharse, sus ojos brillaban mucho y sus labios temblaban un poquito.

Anna, su mejor amiga, le susurró a Darío:

–Creo que le has enfadado del todo. Y sí, puede que algún día una bella princesa, en uno de sus paseos, se acerque a la Laguna Azul, y puede que se fije en ti, y tal vez le hagan gracia tus ojillos verdes, y quizá se agache a mirarte, y también es posible que te recoja en sus manos y que, en un instante de ilusión, te dé un beso. Incluso puede ser que eso que tú repites constantemente de que eres un príncipe encantado sea verdad y que con el beso se deshaga el hechizo... –Anna tomó aire antes de continuar–. Pero, de momento, lo del ajedrez, los bailes, los cubiertos, la moda, las estrategias y esas otras cosas tan raras de las que hablas ¡no sirven para nada! Que no se te olvide: ¡eres una rana!

El más elegante

La ratita estaba espléndida. Se había puesto su traje de flores verdes con su pañuelo de verdes flores, y encima se había adornado la cola con un precioso lazo de terciopelo verde. Se echó un poquito de perfume y salió a la calle. Justo en aquel instante pasaba por allí un gato forastero. Era un gato guapo, alto, con el pelo corto de color naranja y unas rayas marrones. Calzaba unas botas de charol relucientes y lucía un sombrero con una pluma de avestruz digno de un auténtico marqués.

La ratita lo siguió con la vista. ¿Quién sería?

—¿Has visto qué elegante? —le preguntó un flautista a una dama con la que estaba hablando.

—Elegante y guapo —respondió ella—, creo que es lo más hermoso que he visto en mucho tiempo.

«Bueno, no está mal —se dijo la ratita—, pero lo más hermoso, lo que se dice más hermoso, me parece demasiado.» Se colocó bien el lazo y, meneando la cola, se paseó contoneán-

dose delante de la dama y del flautista.

–Pues esa ratita no está nada mal –comentó la dama.

–Claro que no, de hecho yo creo que es mucho más guapa que el gato. Es verdaderamente muy hermosa.

Aquello no le hizo ninguna gracia al gato, que descansaba bajo un árbol.

«Pero ¿quién se ha creído esa ratita que es? –se dijo el gato–. Una presumida, pero se va a enterar.»

Unos minutos más tarde, el gato paseaba de nuevo con sus botas de charol, su sombrero con la pluma de avestruz y un cinturón de cuero repujado con adornos de plata.

–¡Qué elegante! –exclamó el flautista.

—Elegante y guapo —terminó la dama.

La ratita, que estaba debajo de un toldo, no pudo soportarlo.

«Se va a enterar ese gato de quién es el más elegante y guapo de los dos», pensó la ratita.

Regresó a su casa y rebuscó entre sus armarios y baúles. Salió de nuevo pasear con su traje de flores verdes, su pañuelo de verdes flores, su lazo de terciopelo verde y un sombrero naranja con una cinta azul cielo.

—¡Qué elegante! —se admiró la dama.

—¡Elegante y guapa! —terminó el flautista.

«Se va a enterar esa», pensó el gato de botas de charol.

Al cabo de un rato se le pudo ver con sus botas de charol reluciente, su sombrero con la pluma de avestruz, su cinturón de cuero repujado con adornos de plata y una banda de raso amarilla con dos brillantes medallas.

Esta vez ni el flautista ni la dama dijeron nada.

No había desaparecido el gato de su vista, cuando la ratita se presentó, pavoneándose, delante de ellos con su vestido de flores verdes, su pañuelo de verdes flores, su lazo de terciopelo verde, su sombrero naranja con una cinta azul cielo y unos guantes blancos con puntillas de encaje.

La dama y el flautista tampoco dijeron nada.

Así que el gato volvió a desfilar con sus botas de charol reluciente, su sombrero con la pluma de avestruz, su cinturón de cuero repujado con adornos de plata, su banda de raso amarilla con dos brillantes medallas y un espadín de oro con una esmeralda en la empuñadura.

El flautista y la dama miraban y miraban a los dos sin decir nada.

La ratita presumida regresó con su vestido de flores verdes, su pañuelo de verdes flores, su lazo de terciopelo verde, su sombrero naranja con una cinta azul cielo, sus guantes blancos con puntillas de encaje y un collar de conchas marinas.

«Veremos quién es la más elegante», se dijo la ratita.

«Veremos quién es el más elegante», pensó el gato.

—A decir verdad, los dos llevan demasiadas cosas encima —dijo la dama, aburrida.

—Es cierto —asintió el flautista—, vámonos a ver si encontramos a alguien realmente elegante, alguien vestido con sencillez.

Dieron media vuelta y se fueron paseando tranquilamente. Y allí se quedaron el gato y la ratita, la ratita y el gato, enfadados un buen rato.

El mejor cocinero

El rey Zampabollos III estaba muy contento. A su palacio había llegado un emisario con una carta. Su gran amigo, el conde Tragaldabas, le invitaba a un banquete que, por lo que decía, sería espectacular, grandioso, fenomenal... Vamos, que iba a estar muy bien. El rey Zampabollos se había enterado que el conde Tragaldabas tenía en su palacio al mejor cocinero del mundo. Y si había algo en este mundo que le gustaba al rey, era comer.

Nada más llegar al palacio del conde, después de los saludos, el rey quiso conocer a ese virtuoso de los fogones que todos decían que era el mejor cocinero del mundo. Cuando entraron en la enorme cocina vieron a un montón de gente yendo de un sitio a otro llevando salsas, coladores, peladores de pipas de calabacín, escamas de colores, palillos, jarabes, grosellas, mandarinas diminutas y unas cuantas cosas más que el rey no había visto nunca.

—Majestad, os presento a Nomus —dijo el conde señalando a

un hombretón rubio que en ese momento intentaba colocar un pistacho justo en medio de un flan de garbanzo silvestre.

El cocinero dejó el pistacho colocado de cualquier manera e hizo una reverencia. El rey correspondió al saludo con un leve movimiento de cabeza y luego preguntó:

—¿Cuál será el menú de hoy?

—Majestad, conde —respondió el cocinero y luego tosió un poco—. Tengo el inmenso placer de haber preparado un surtido de mis mejores creaciones. Como entrante tenemos una crema ligera de espinaca tostada con crujiente de queso de leche de cangura y aroma de cangrejo violinista. Después seguiremos con unos canapés de paté de champiñones morrones y pimientos cristalinos sobre pan de algarroba. Nuestro primer plato será algo sencillo, una ensalada de brotes de canónigo, lechuga iceberg, cebolleta, berros, morcilla con sal de nieve, aceite de sol y vinagre de vino tinto, vino rosado y vino blanco. ¡Ah! Y perfumada con pétalos de jazmín y ajos manchegos. Proseguiremos con un lomo fino de lubina salvaje del mar del Norte con reducción de romero y melocotón y cama de emulsión de puré de patatas bravas. Terminaremos con unas chuletillas de conejo campero asadas sobre leña de rosal silvestre y guarnición de cebolletas espumosas y arroz negro con curry verde y pasas amarillas. Y como postre tenemos un delicioso y aromático flan de espuma...

—Exquisito, sin duda alguna —le interrumpió el conde, que ya empezaba cansarse de escuchar aquella retahíla de platos que se tardaba más en nombrar que en comer.

El rey sonrió y se despidió del cocinero:

—Ha sido un placer conoceros. Espero que vuestras recetas estén a la altura de vuestra fama. Según tengo entendido, sois el mejor cocinero del mundo.

El conde hizo un gesto al rey y se apartaron a un rincón donde nadie podía oírles.

—Un momento, Majestad. Nomus no es el mejor cocinero del mundo. Es quien prepara la comida para mis invitados. Y es verdad que sus platos tienen muy buena pinta y tienen mucho éxito, pero el mejor cocinero del mundo es otro.

Zampabollos III puso una cara muy extraña: allí había gato encerrado. El conde sonrió e indicó al rey que le acompañara.

Abandonaron la gran cocina y salieron del palacio.

En los enormes jardines, escondida entre árboles muy altos, había una pequeña casita con una chimenea humeante.

—¡Mmm! Delicioso aroma —exclamó el rey.

—Sí, huele que alimenta, pero seguidme, Majestad.

Entraron en la casita donde, entre cacerolas, sartenes, hierbas aromáticas, ajos, cebollas, patatas, zanahorias y un montón de frutas se movía una figura impecablemente vestida de blanco que, al ver entrar a sus distinguidas visitas, sonrió.

Un anciano cocinero con barba les invitó a sentarse a la mesa.

—Majestad, os presento a Argui, un experto en lentejas, paellas, macarrones, tortillas, cocidos, ensaladas y sopas, que tiene una receta deliciosa.

El cocinero puso delante del rey y del conde dos platos que olían de maravilla.

—¡Huevos fritos! —exclamó el rey.

—Huevos fritos, claro que sí —dijo el conde—, la especialidad de Argui, el mejor cocinero del mundo.

La abuela Arabela

La abuela Arabela cerró la ventana y pensó que ya empezaba a refrescar. Y en aquel castillo tan grande cuando hacía frío, hacía frío de verdad. La abuela Arabela decidió ir a buscar sus agujas y sus ovillos y hacerse, a ratitos, unos calcetines bien gorditos. Se sentó junto a la ventana y punto por aquí, punto por allá, empezó a tejer.

Un rato después pasó por allí el bufón, que le preguntó:

—Abuela Arabela, ¿qué haces?

—Como empieza a hacer frío, estoy tejiendo unos calcetines gorditos, así, a ratitos.

—Estupenda idea. A mí se me enfrían las orejas, ¿podrías hacerme un capuchón?

—Está bien.

La abuela Arabela dejó los calcetines gorditos y comenzó a tejer un capuchón para el bufón. Un rato después pasó por allí el príncipe, que le preguntó:

—Abuela Arabela, ¿qué haces?

—Como empieza a hacer frío, estaba haciendo unos calcetines gorditos a ratitos, pero ahora estoy tejiendo un capuchón para el bufón.

—Muy buena idea. Y a mí, que soy elegante, ¿me harías unos guantes?

—Está bien.

La abuela Arabela dejó el capuchón del bufón y se puso a tejer unos guantes para el príncipe elegante. Un rato después pasó por allí la reina, que le preguntó:

—Abuela Arabela, ¿qué haces?

—Como empieza a hacer frío, estaba haciendo unos calcetines gorditos a ratitos, luego un capuchón para el bufón, y ahora unos guantes para el príncipe elegante.

—Fenomenal. Yo, que soy la que más manda, noto bastante fresquito en la garganta, ¿me harías una bufanda?

—Está bien.

La abuela Arabela dejó los guantes del príncipe elegante y se puso a tejer para la reina, que es la que más manda, una bufanda. Un rato después pasó por allí la princesa.

—Abuela Arabela, ¿qué haces? —preguntó.

—Como empieza a hacer frío, estaba haciendo unos calcetines gorditos a ratitos, luego un capuchón para el bufón, después unos guantes para el príncipe elegante, y ahora estoy tejiendo para la reina, que es la que más manda, una bufanda.

–Fantástico. Y a mí, que soy algo coqueta, ¿me harías una chaqueta?

–Está bien.

La abuela Arabela dejó la bufanda de la reina, que es la que más manda, y se puso a tejer una chaqueta para la princesa coqueta. Un rato después pasó por allí el rey, que le preguntó:

–Abuela Arabela, ¿qué haces?

–Como empieza a hacer frío, estaba haciendo unos calcetines gorditos a ratitos, luego un capuchón para el bufón, después unos guantes para el príncipe elegante, más tarde tejía para la reina, que es la que más manda, una bufanda, y ahora estoy con una chaqueta para la princesa coqueta.

–¡Qué gran idea! Y para mí, que soy el rey, ¿serías tan amable de hacerme un jersey?

–Está bien.

La abuela Arabela dejó la chaqueta de la princesa coqueta y se puso a tejer un jersey para el rey.

Y como lo hacía a ratitos, la labor iba despacito, pero la abuela tejía y tejía, tejía y tejía. Y seguía tejiendo y tejiendo.

Y terminó el jersey del rey

Y terminó, para la princesa coqueta, su chaqueta.

Y terminó, para la reina que es la que más manda, la bufanda.

Y terminó, para el príncipe elegante, sus guantes.

Y terminó, para el bufón, su capuchón.

Y se iba a poner a ratitos con sus calcetines gorditos, pero ya se había pasado el invierno y empezaba a hacer calor.

La abuela Arabela guardó sus agujas y sus ovillos y pensó que, para el siguiente invierno, ya tendría algunos ratitos para tejerse sus calcetines gorditos.

Entonces apareció el rey y le regaló un abanico de concha de carey.

La coqueta princesa le trajo un helado de frambuesa.

La reina, ahora la más encantadora, la premió con una crema bronceadora.

También quiso tener un detalle el príncipe elegante y la obsequió con una bebida refrescante.

Y el bufón le ofreció un sombrero muy resultón.

Ese verano, la abuela Arabela, no tuvo que trabajar nada de nada. Y nada que nada, se lo pasó de maravilla en la playa.

¡Que viene el peluquero!

En el país de los monstruos peludos vivían muchos monstruos peludos. Altos, flacos, pequeños, gordos, bajos, feos, requetefeos... Aunque eran muy diferentes, tenían algo en común: todos eran muy peludos. Tenían pelos en la cabeza, en la barriga, en los brazos, en las piernas y en casi todo el cuerpo. Y entre los pelos había un buen número de pulgas, dinosaurios, piojos, camellos y otros bichejos. Y aunque de vez en cuando les picaban, los monstruos y las monstruas peludos y peludas no les tenían miedo. Estaban muy contentos pues, cuantas más pulgas, más pelos, y eso era lo mejor para un buen monstruo peludo.

Los monstruos peludos solo tenían miedo a una cosa, bueno, a un personaje con el que los papás monstruos asustaban a los monstruitos. Alguien cuyo nombre hacía temblar al monstruo más valiente: el peluquero.

El peluquero, con sus maquinillas y sus tijeras, cortaba el pelo, pelaba y repelaba a todo el que cogiera desprevenido, y lo dejaba más liso que un huevo. Y eso para un monstruo peludo era horrible.

Un día, Fleki, un pequeño monstruito peludo, salió a dar un paseo por el bosque y no se acordó de lo que siempre decían sus papás para advertirle del peor peligro para un monstruo peludo:

—Cuidado con el bosque, si te pierdes y sales por otro lado, puedes aparecer en un lugar horrible: la casa del peluquero.

Fleki quería coger una ardilla para ver quién tenía más pelo, si la ardilla en su cola o él mismo en las piernas. Pero se despistó siguiendo el rastro de una revoltosa ardilla y abandonó el bosque.

Y sucedió. Se encontró frente a una luminosa casa blanca, con un cartel blanco, azul y rojo. Como Fleki no sabía leer, pues los monstruos peludos no van al colegio, no pudo descifrar lo que ponía: PELUQUERÍA. Por eso se acercó y llamó, quería preguntar cuál era el camino para regresar a su casa. Cuando la puerta se abrió, salió una joven vestida con una bata blanca y una sonrisa espléndida.

–¡Buenos días! Parece que necesitas un buen repaso –dijo.

–No, bueno, no sé qué es eso –contestó Fleki–, pero sí necesito que me indique cómo puedo volver a mi casa.

–Bueno, eso también, pero ¿no quieres que te corte el pelo primero? Vas a estar guapísimo.

–¿Ha dicho «corte de pelo»? –preguntó Fleki temblando–. Entonces... ¿esto es una peluquería?

–Pues claro, aquí ponemos guapo a todo el mundo, incluso a un monstruito como tú.

–¿Y eso duele mucho? –se atrevió a preguntar Fleki haciéndose el valiente.

–Nada de nada de nada. Primero lo lavamos con un refrescante champú con aroma de menta y fresa, después un cortecito moderno y, al final, te doy un masajito en la cabeza. Te vas a sentir de maravilla.

–Pero se me irán las pulgas.

–Pues claro, y los piojos y los otros bichos. Eso es una guarrería.

–¿Seguro?

–Mira, yo no tengo ninguno y mi pelo es suave. ¿Quieres acariciarlo?

Fleki reunió todo su valor y rozó el pelo de la joven. Era verdad, estaba muy suave, daba gusto tocarlo y olía estupendamente. La peluquera sonrió, y eso terminó de convencer a Fleki.

Después de un lavado, un corte moderno y un relajante masaje, el pequeño monstruo peludo parecía otro. La chica le acercó un espejo para que se viera.

—¿Ese soy yo?

—Claro. Ahora se puede apreciar lo guapo que eres.

—Y encima no me pican las pulgas. Muchas gracias.

Fleki salió corriendo a todo correr, cruzó el bosque y llegó a su país. Todos los monstruos peludos le miraban asombrados.

—No duele, no duele nada de nada —contaba Fleki—, y ya no me pican las pulgas.

—Y estás muy guapo —le dijo una monstruita—. ¿Dónde está ese lugar tan maravilloso en el que te han cambiado?

El pequeño monstruo peludo, ahora pelado, explicó a todos cómo llegar a la peluquería y, a partir de entonces, cada vez que se oía: «Que viene el peluquero», todos los monstruos salían de sus casas para que les lavasen el pelo con un champú refrescante, les hicieran un corte moderno y les dieran un masajito.

No se me ocurre nada

Todas las noches mi mamá me cuenta un cuento. Unas veces se lo inventa y otras lo lee de algún libro.

Una noche me dijo que ya estaba bien, que a ella también le gustaría que le contaran un cuento.

—Mañana me cuentas tú uno a mí, y te lo tienes que inventar —me dijo antes de darme un beso y apagar la luz.

Antes de dormirme estuve pensando en ello. Pensé en un dragón que masticaba chicle, mil o dos mil chicles, y hacía un globo tan grande que volaba con él. Luego el globo explotaba y salían fuegos artificiales y el dragón volaba entre ellos haciendo piruetas con sus alas.

Pero para el cuento no se me ocurría nada.

Cuando me desperté, al apartar las sábanas para levantarme, imaginé a un fantasma con una mancha que se asustaba cuando le metían en la lavadora y aullaba. Su aullido asustaba a todo el mundo y ya nadie lavaba nada, así que todo el mundo iba hecho un guarrete.

Pero para el cuento no se me ocurría nada.

Desayunando cogí una caja de galletas que tenía pintada una sonrisa muy grande, como la de un payaso. Y se me ocurrió que sería maravilloso que, al abrir la caja de galletas, apareciera un circo en miniatura, con sus equilibristas, sus payasos, sus trapecistas, sus faquires y sus palomitas de maíz.

Pero para el cuento no se me ocurría nada.

En el cole, la seño nos estuvo hablando sobre los animales de la selva, y del desierto, y del Polo Norte, y del Polo Sur, y de un montonazo de sitios más. «Eso sí que sería fantástico –me dije– tener un poder mágico para convertirme en el animal que quisiera y vivir aventuras en cualquier lugar del mundo.»

Pero para el cuento no se me ocurría nada.

Cuando llegué a casa y vi a mi padre preparando la cena me imaginé que era un hado padrino que había perdido su varita mágica y hacía sus hechizos con un cucharón de madera, y claro, ninguno funcionaba. Eso sí, las natillas le salían muy buenas.

Pero para el cuento no se me ocurría nada.

Después de merendar me fui a mi habitación, tenía que hacer los deberes, aunque no me apetecía para nada. Me senté y abrí el cuaderno, cogí el lápiz y pensé que aquel lápiz bien podía ser una espada y yo un mosquetero y el dinosaurio de peluche de mi hermana un espadachín que me retaba a duelo.

—En guardia —dije levantándome—, pelea si eres valiente.

El dinosaurio no se movió; estaba claro que era un cobardica.

Pero para el cuento no se me ocurría nada.

En la piscina, en la clase de natación, al meterme bajo el agua y ver a un señor muy gordo, me acordé de las ballenas. En un documental había aprendido que las ballenas pueden hablar entre ellas. Pensé que podrían contar muchas cosas, porque allá abajo, entre pulpos, tiburones, millones de peces, caballitos de mar, tesoros y barcos hundidos, seguro que pasan muchas cosas interesantes.

Pero para el cuento no se me ocurría nada.

En casa, por la noche, oí la voz de mi padre que me llamaba a cenar. Había guisantes y huevo frito. Me hizo gracia, por-

que aquellas bolitas verdes eran como enanos que atacaban a un gigante de un único ojo, y encima amarillo. El huevo era mucho más grande, pero los guisantes eran muchos. Después de cuatro o cinco advertencias de mi padre, me metí a los enanos y al gigante en la boca y dejé que se pelearan; me daba igual quién ganara. Mi problema era el cuento.

Pero no se me ocurría nada.

Al acostarme, cuando entró mi madre en la habitación no sabía cómo confesarle que no se me había ocurrido nada. Aunque no hizo falta, ella me conoce muy bien y vio mi cara de preocupación. Sonrió, cogió un libro y comenzó a leer dulcemente:

–Había una vez...

FIN